Daxuesheng Aiguo Zhuyi Jiaoyu De
Jiben Jingyan Yu Zhanwang Yanjiu

大学生
爱国主义教育的基本经验与展望研究

蒋茜◎著

中央民族大学出版社
China Minzu University Press

图书在版编目（CIP）数据

大学生爱国主义教育的基本经验与展望研究 / 蒋茜著. --北京：中央民族大学出版社，2024.7. --ISBN 978-7-5660-2395-7

Ⅰ.G641.4

中国国家版本馆 CIP 数据核字第 20248RR218 号

大学生爱国主义教育的基本经验与展望研究

著　　者　蒋　茜
策划编辑　舒　松
责任编辑　舒　松
封面设计　舒刚卫
出版发行　中央民族大学出版社
　　　　　北京市海淀区中关村南大街 27 号　邮编：100081
　　　　　电话：（010）68472815（发行部）　传真：（010）68932751（发行部）
　　　　　　　　（010）68932218（总编室）　　　　（010）68932447（办公室）
经 销 者　全国各地新华书店
印 刷 厂　北京鑫宇图源印刷科技有限公司
开　　本　787×1092　1/16　印张：12.75
字　　数　180 千字
版　　次　2024 年 7 月第 1 版　2024 年 7 月第 1 次印刷
书　　号　ISBN 978-7-5660-2395-7
定　　价　60.00 元

目录

导　论

中华人民共和国成立70多年来，党和国家始终高度重视青年，把大学生爱国主义教育看作关系我国社会主义事业后继有人的根本大计，着力引导大学生培塑爱国之情、砥砺强国之志、实践报国之行，为大学生健康成长和全面发展提供了精神指引，为高校落实“立德树人”根本任务提供了坚实保障，培养了一代代爱国、爱党、爱人民、爱社会主义的合格建设者和可靠接班人。2022年10月16日，习近平总书记在党的二十大报告中指出，在全面建设社会主义现代化国家的新征程中，必须“深化爱国主义、集体主义、社会主义教育，着力培养担当民族复兴大任的时代新人。”[1]因此，站在确保党领导的中国特色社会主义事业兴旺发达，中华民族伟大复兴早日实现的战略全局高度，明晰中华人民共和国大学生爱国主义教育的理论依据和重要价值，从中华人民共和国成立70多年来大学生爱国主义教育的历史演进过程中探寻宝贵经验，对于响应深化新时代大学生爱国主义教育的时代召唤，推动新时代大学生爱国主义教育切实发挥厚植爱国情怀、培养时代新人、驱动民族复兴伟业加速迈进的重要作用，具有极强的现实意义和深远影响。

[1] 习近平：《高举中国特色社会主义伟大旗帜 为全面建设社会主义现代化国家而团结奋斗——在中国共产党第二十次全国代表大会上的报告》，北京：人民出版社2022年版，第44页。

一、问题的提出

大学生历来都是青年群体中的先锋力量，是党领导的社会主义事业的排头兵和生力军。新时代的大学生更是担负实现民族复兴重任的“强国一代”，他们是否具有深厚的爱国情怀和崇德向善的良好品质，不仅关系到青年群体的精神风貌和整体素质，也关系国家和民族的前途命运。这迫切要求加强大学生爱国主义教育的历史研究，从历史经验里探寻科学规律、明确价值导向、把握发展趋势，为推动新时代大学生爱国主义教育深化发展提供重要借鉴和不竭养料，使大学生爱国主义教育这个永恒主题能够常讲常新、育人育心。

（一）贯彻落实习近平总书记关于爱国主义教育重要论述的必然要求

党的十八大以来，面对全新的历史方位，复杂的国际国内形势，新阶段的发展要求，习近平总书记明确指出要把开展好爱国主义教育作为弘扬和践行中华民族爱国主义精神的有力抓手和永恒主题，对新时代爱国主义教育的鲜明主题、重大意义、重要对象、本质要求、基本原则、具体路径等有关问题发表了一系列重要论述和重要指示；把开展好爱国主义教育的重要性，提升到了弘扬中国精神、坚持中国道路、凝聚中国力量、实现中国梦想的高度，为新时代全面加强爱国主义教育明确了根本遵循。围绕习近平总书记系列重要论述，着眼于爱国主义教育面临的新境遇和新任务，2019 年 11 月 12 日，中共中央、国务院印发了《新时代爱国主义教育实施纲要》，对新时代如何加强和改进爱国主义教育进行了顶层设计和系统谋划，提出要始终把青少年作为新时代爱国主义教育的重中之重，要着眼培养堪当大任的时代新人，激发爱国情、强国志和报国行，为推进民族复兴伟业凝聚磅礴力量。[1] 因此，新时代大学生爱国主义教育的研究者和教育者们要把握新的时代坐标、着眼新的历史征程、勇担新的使命任务，教育引导新时代的大学生传承好、发扬好中华民族伟大爱国主义传统，坚持好、实践好当代中国特色社会主义的爱国主义，让“爱我中华”的种子在每一名大学生内心深处生根发芽，引领他们以爱国强国报国的实际行动续写新的奋斗史诗，创造新的更大的成就。这个过程，就是贯彻落实习近平总书记关于爱国主义教育重要论述的必然要求和鲜活实践。

（二）继承和发扬大学生爱国主义教育的优良传统和宝贵经验

2018 年 9 月 10 日，习近平总书记在全国教育大会上指出，新时代培养拥护党的领导和社会主义制度、矢志为中国特色社会主义事业奋斗终身的青年人才，“要在厚植爱国主义情怀上下功夫，让爱国主义精神在学生心中牢牢扎根”[2]，我们国家作为共产党领导的社会主义国家，大学生爱国主义教育作为固本培元、凝心聚力的铸魂工程，必须将其作为落实立德树人根本任务的中心环节。中华人民共和国成立 70 多年来，党和国家立足中国特色社会主义建设的实践开展大学生爱国主义教育，使一代代大学生在爱国主义旗帜的指引下全面发展、爱国奋斗，推动中华人民共和国各项事业取得了一个又一个胜利，形成了始终把大学生爱国主义教育作为高校思想政治工作主旋律的优良传统，并在一代代思想政治教育工作者的努力下积累了诸多宝贵经验，为新时代持续加强和改进大学生爱国主义教育奠定了坚实的基础。新时代，要推动大学生爱国主义教育实现新的作为、彰显新的价值，为我们国家从大国走向强国作出应有贡献，必须从历史经验里汲取营养，在继承中创新，在不断加强和改进中深化发展。由此，我们必须正确认识深化大学生爱国主义教育历史性研究的时代价值，将其作为新时代爱国主义教育研究的重要主题，更好地继承和发扬党和国家开展大学生爱国主义教育的优良传统和宝贵经验。

---

[1] 参加本书编写组：《〈新时代爱国主义教育实施纲要〉学习读本》，北京：人民出版社 2020 年版，第 2-7 页。

[2] 习近平：《坚持中国特色社会主义教育发展道路 培养德智体美劳全面发展的社会主义建设者和接班人》，《人民日报》2018 年 9 月 11 日。

（三）响应新时代维护国家意识形态安全的现实诉求

历史的经验和现实的启示告诉我们，高校是维护国家意识形态安全的重要堡垒，是防范和抵御敌对势力与我们争夺接班人的前沿阵地。新时代大学生爱国主义教育是一项关系国家根本的价值塑造工程，研究者和教育者要立足“两个大局”的战略高度，深刻把握党和国家把青少年作为爱国主义教育主要对象的内在原因和教育规律。要抓住党的十八大以来全社会爱国主义氛围空前浓厚，全国人民的爱国情感和强国信念日益高涨的有利时机，充分把握大学阶段这一重要的人生“拔节孕穗期”，在加强和改进新时代大学生爱国主义教育的理论和实践中，把国家发展的方向和现实的要求紧密联系在一起，理直气壮地讲清楚我们所爱之“国”，就是中国共产党领导的社会主义中国。讲清楚社会主义国家和非社会主义国家间意识形态斗争的实质，使新时代的大学生深刻认识到维护国家意识形态安全的极端重要性。要坚持立破并举，既要始终强调和突出爱国主义在中华民族精神中的核心地位和重要价值，引导各族人民始终唱响爱国主义的时代主旋律，以爱国主义的主流思潮和社会主义核心价值观引领社会思潮和价值取向，用爱国主义的共同奋斗目标和共同精神基因凝聚共识。又要高度关注大学生爱国主义教育面临的现实挑战，立场坚定地批驳爱国主义“狭隘论”“过时论”等错误言论和历史虚无主义、民族虚无主义等错误思潮，教育引导全体大学生增强“四个意识”，坚定“四个自信”，始终做到“两个维护”，在高校铸牢维护国家意识形态安全的思想保障。

（四）探索新时代大学生爱国主义教育的实践方略

“时代”问题是国家和民族在历史不同阶段必须面对的问题，能否全面准确地认识和把握时代特点，并以此为依据制定正确的方针和路线，关系国家和民族的进步和发展。爱国主义作为具有鲜明时代性的思想观念范畴，其时代内涵和具体要求也随着时代境遇而演变；同样，个体的成长也有赖于时代境遇中的物质和精神给养，个体的主观能动性充分表现为其在时代境遇中的精神体验和实践参与。因此，推动新时代大学生爱国主义教育，必须要在理论研究中深刻省思其时代境遇，把握爱国主义教育这种特殊实践活动和人的精神世界的关键交融点，既以宏观的视角把握爱国主义发展的时代之窗，又要探寻如何促进个体在新的时代境遇中实现爱国情感的厚植和沉淀。新时代，大学生的成长环境发生深刻变化，他们的价值观念和思想行为都呈现出新的特点。大学生爱国主义教育作为一种开放的教育系统，坚持把大学生爱国主义教育作为整个爱国主义教育体系和高校思想政治工作的永恒主题，不仅要坚守培养社会主义建设者和接班人的初心使命，还要正确把握新时代爱国主义教育的时代主题和本质要求，在确立大学生爱国主义教育总体思路的基础上，根据新时代党和国家的阶段性任务、社会环境的发展变迁、大学生的代际特征、科学技术的发展进步等，进一步提出切实可行的实践方略，推动大学生爱国主义教育不断彰显新的活力。

二、研究思路、方法及拟解决的问题

（一）研究思路

已有的大学生爱国主义教育理论研究从数量和质量上来讲都取得了显著的成绩，为本选题的研究奠定了良好的基础，提供了非常有益的启发。但在新的时代背景下，新一代大学生面临的时代境遇、社会发展状况和个人成长背景都与过去不同，大学生爱国主义教育在开展的过程中也势必会遇到许多新情况和新问题。这就要求研究者既要从中华人民共和国成立70多年来大学生爱国主义教育的长期实践中汲取宝贵经验，又要始终坚持发展的眼光和问题意识，不仅对大学生爱国主义教育发展过程中已经出现的问题进行分析和研究，提出解决的方案，也要深刻把握教育环境和作为教育对象的新时代大学生的最新变化，不断提高大学生爱国主义教育研究的学理性和前瞻性，促进新时代大学生爱国主义教育切实发挥固本培元的重要作用。因此，本研究将发现问题、分析问题和解决问题的问题意识贯穿始终，遵循中华人民共和国大学生爱国主义教育是什么（理论阐释）、历史演进过程中怎么发展（历史分期、时代背景、具体措施、鲜明特点等）、为什么得以发展（基本经验）、今后如何发展（未来趋向）的研究逻辑，力求在以下三个方面取得突破：一是加强理论阐释，厘清中华人民共和国大学生爱国主义教育的概念范畴和理论基础；二是对中华人民共和国成立以来大学生爱国主义教育的历史演进和基本经验进行全面总结和提炼；三是立足于大学生爱国主义教育发展的经验启示，积极思考和展望新时代大学生爱国主义教育的发展趋向，着眼于增强其时代性、预见性和战略性，回应新时代大学生爱国主义教育深化发展和创新发展的内在诉求。

（二）研究方法

1. 文献研究法

通过认真研读、梳理中华人民共和国成立以来有关大学生爱国主义教育的重要文献，掌握国内外有关大学生爱国主义教育的历史性成果和最新研究成果，对大量的史料和文献进行分析和鉴别，以便立足于理论与实践的发展，在力求资料翔实可靠的基础上做出正确的结论。

2. 历史研究法

本选题本身定位于历史性研究，历史研究法是本选题研究的重要方法。本研究坚持马克思主义唯物史观，坚持历史与逻辑相统一的基本原则，回溯中华人民共和国成立 70 多年来大学生爱国主义教育的历史演进，以论为主、史论结合，对相关论题深入地展开论证和进行总结。

3. 系统研究法

大学生爱国主义教育实践是一个多层次、全方位、具有综合性和开放性的复杂系统，不仅涉及各个历史阶段，还涉及社会生活的各个领域、各行各业和各个学科，在此基础上的大学生爱国主义教育研究也应该着眼全面，运用系统研究法多视角、多层次、多维度地观照和研究大学生爱国主义教育的发展历程、现实境遇和未来趋向。

（三）本选题拟解决的问题

本研究拟在充分吸收和借鉴现有研究中的有益成果，充分回顾和整理大学生爱国主义教育的历史沿革和历史文献的基础上，在以下几个方面作重点探究：

第一，进行中华人民共和国大学生爱国主义教育的理论阐释。当前的大学生爱国主义教育研究，存在着将爱国主义教育泛化、窄化或异化的几种倾向，这与对爱国主义的内涵和本质特征的归纳不足有关，因而本研究首先要厘清爱国主义的内涵，在此基础上明确中华人民共和国大学生爱国主义教育的相关概念和理论依据，明确界定研究的范围和边界。

第二，回顾中华人民共和国大学生爱国主义教育的发展历程，整体考察中华人民共和国大学生爱国主义教育的发展轨迹，既归纳其中的共性问题，也充分着眼不同历史阶段大学生爱国主义教育的特殊性问题，力争科学提炼大学生爱国主义教育在长期实践中取得的基本经验和主要特点。

第三，系统思考新时代大学生爱国主义教育的发展趋向，将新时代大学生爱国主义教育置身于当今世界的整体背景和新时代国家发展的历史方位中予以考察和审视，把握新时代大学生爱国主义教育的有利形势和现实挑战，探讨如何增强新时代大学生爱国主义教育的导向性作用；探讨如何与时俱进地更新和呈现大学生爱国主义教育的时代内容，转换和创新大学生爱国主义教育的方法手段，以促进大学生爱国主义教育发挥新的作用。

三、研究重难点及创新点

（一）研究重点

爱国主义是一个历史范畴，不同历史阶段有着具体的内容，中华人民共和国成立以来大学生爱国主义教育也是根据历史发展要求，紧密结合国家各个发展阶段的时代背景，围绕服务党和国家中心工作来开展和进行的。本选题的研究重点即在于通过广泛整理大学生爱国主义教育的相关文献，找到每个阶段划分的科学依据，对中华人民共和国成立70多年来大学生爱国主义教育的历程进行合理分期，并对每一时期大学生爱国主义教育的具体做法和措施进行梳理和总结。

（二）研究难点

本研究的研究难点在于对中华人民共和国成立以来大学生爱国主义教育的基本经验的总结。探讨基本经验问题不能仅仅停留在对事实的回顾层面，而要通过分析和探索每个发展阶段的共性问题和特殊性问题，以大历史观的视野思考和总结其中的规律性、本质性问题，才能科学提炼推动中华人民共和国大学生爱国主义教育持续优化的根本动因和核心要素，为新时代大学生爱国主义教育提供具有参考价值的实践方略。

（三）研究创新点

第一，不仅将“中华人民共和国成立以来的大学生爱国主义教育”作为一个历史范畴，同时将其作为一个整体概念，首次对其基本内涵进行了明确的界定，并对其核心要义进行了归纳和概括。

第二，对中华人民共和国成立以来大学生爱国主义教育的发展历程进行了全面回顾，并重点对党的十八大以来大学生爱国主义教育的基本历程进行了系统梳理，首次从指导思想、党的领导、阵地建设、时代主题和爱国主义情怀生成规律五个维度对大学生爱国主义教育的基本经验进行了深入阐释。

第一章　中华人民共和国成立以来大学生爱国主义教育的理论阐释

中华人民共和国成立以来的大学生爱国主义教育作为一项观念塑造、价值塑造、精神塑造的特殊社会实践活动，肩负着厚植大学生的爱国情怀，引领大学生全面发展，推动社会文明进步和国家事业发展的重要使命。为了实现这一使命，要从其历史进程和历史经验里探寻本质规律，指引发展方向。为此，首先需要从厘清中华人民共和国成立以来大学生爱国主义教育的基本概念和理论依据入手，为本研究奠定坚实的理论基础。

一、爱国主义的内涵和主要特点

爱国主义是爱国主义教育的元概念，正确把握爱国主义的基本内涵和主要特点，是制定大学生爱国主义教育的目标任务，明确教育内容和教育途径的重要依据，是有效实施大学生爱国主义教育的重要前提。

（一）爱国主义的内涵

爱国主义是一个随时代轨迹动态发展的历史范畴，学者们对爱国主义的概念及特征也解释不一，为此，需要通过对代表性观点进行分析，以深化对爱国主义内涵的科学把握。

1. 学术界关于爱国主义的代表性观点

在学术界，学者们从不同的视角对爱国主义的概念进行界定，相关概念主要包含了情感论、意识形态论、思想体系论等几种代表性观点：

第一种，情感论。情感论历来都是学界关于爱国主义内涵的一种主要观点。情感论最具有代表性的定义，是列宁在《皮季里姆·索罗金的宝贵自供》一文中所说的："爱国主义是由于千百年来各自的祖国彼此隔离而形成的一种极其深厚的感情。"[1] 这句话如果结合当时的时代背景和文章的上下语境来看，实质上是列宁对资产阶级狭隘的爱国主义的一种批判，但多年来一直是国内各种文献中引用最为广泛的定义，也对国内学者界定爱国主义的内涵产生了广泛的影响。例如陈慧等学者认为："爱国主义是千百年来巩固起来的人们对自己祖国的山河、人民、文化、语言、以及民族历史和优秀传统的深厚感情，是一个民族对祖国的忠诚与热爱"[2]，这种定义在列宁情感论的基础上，强调了爱国主义情感的民族性和文化性。张瑞敏认为爱国主义的内涵体现的是一国之民众对其祖国的深厚感情，是个体对国家之间依存关系的必然反映，凝结了对其故土家园、所属民族和文化的心理归属和认同[3]，这种定义强调了国家对于个人生存发展的重要作用，反映出影响爱国主义情感生成和发展的内在动因和文化因素。总的来说，这几种定义侧重于强调爱国主义"情感"的本质和表现，其不足是从层次上来讲主要是停留在"爱国"的现象和事实层面，没有充分地反映出爱国主义之"主义"的属性和特征。

第二种，意识形态论。商言等认为："爱国主义是一种对祖国无限热爱、忠诚，主张为祖国的独立、统一、繁荣富强无私奉献，英勇献身的思想感情，它属于社会意识形态，渗透于政治、法律思想、道德、哲学、文学艺术等社会意识的各种形式中。"[4] 这种观点体现了个人的爱国主义情感的崇高追求，以及作为社会意识形态的本质属性，比较全面地概括了爱国主义的表现形式，但没有完整归纳出爱国主义的内在意蕴及价值体现。

---

[1] 《列宁选集》（第3卷），北京：人民出版社2012年版，第579-580页。

[2] 陈慧、焦福岩、李振纲等主编：《爱国主义教育导论》，石家庄：河北大学出版社1995年版，第1页。

[3] 参见张瑞敏：《爱国主义六论》，北京：人民出版社2014年版，第24-25页。

[4] 商言、陈劳志等主编：《中华爱国主义新辞书（一）》，长春：吉林人民出版社2005年版，第3页。

唐志龙提出：爱国主义是主观意识与客观存在的统一，它伴随着经济基础和政治制度的变化而变化，随着社会实践的发展而发展，作为一种深厚的道德情感和道德信念，是一种反映一定的社会关系并促进社会发展的社会意识形态。[1] 这种阐释呈现了爱国主义的历史性、实践性和能动性，其主要局限是仅仅把爱国主义看作一种道德情感和信念，对爱国主义的内涵把握尚不全面。

第三种，思想体系论。马克思主义理论研究和建设工程重点教材《思想道德修养与法律基础》中指出爱国主义不仅体现了个人对祖国的深厚感情和依存关系，同时“是调节个人与祖国之间关系的道德要求、政治原则和法律规范”[2]，梅仲荪等指出，爱国主义之所以为“主义”，绝不局限于个体的情感体验和情感表现，“而且是指民族情感、伦理思想、政治观点、法律行为等多重成分所构成的一种热爱祖国、忠于祖国的思想体系。”[3] 蔡中华等则认为，爱国主义是在千百年的社会实践中逐渐形成的人们对祖国的热爱和认同，“是反映个人、集体与祖国关系的一种集情感意志、价值取向、道德原则、政治倾向、法律规范和行为准则于一体的系统的理论和主张”[4]，笔者认为，基于“主义”一词本身所具有的“思想体系”的意蕴，要求其具体内涵不能仅仅停留丁事物的本来状态，而应从系统性、思想性、精神性等方面对事物的整体面貌进行概括和升华。因此相较而言，这一种观点的主要优点，是对爱国主义的内在意蕴把握更为全面，同时把爱国主义从现象或事实层面提丌到了思想理论体系层面，凸显了“主义”的本质特征，更全面地概括了爱国主义的理论内涵，构建起一种相对更为完整的理论系统，对深入地对爱国主义进行学理研究具有较强的参考和促进意义。

2. 爱国主义的内涵

综合学者们的意见，可以将爱国主义的内涵作如下界定：爱国主义是

[1] 参见唐志龙主编：《爱国主义导论》，北京：蓝天出版社 1998 年版第 27 页。

[2] 本书编写组：《思想道德修养与法律基础》，北京：高等教育出版社 2018 年版，第 55 页。

[3] 顾海根、梅仲荪：《爱国情感教育心理学初探》，北京：人民教育出版社 1996 年版，第 1-2 页。

[4] 蔡中华、潘静：《新时期爱国主义教育研究》，北京：中国社会科学版出版 2016 年版，第 31 页。

千百年来人们在社会实践中形成的对祖国的热爱之情，并由此而生发和凝结的集社会心理情感、国家认同、价值取向、道德规范和法律规范于一体的思想观念体系，属于社会意识形态的范畴，内含了爱国认知、情感、意志及行为的相融相合，是个体国家归属感、认同感、自豪感的有机统一，集中体现了个体与国家之间的依存关系。其内在要义主要包括以下几个方面：

第一，爱国主义是一种社会心理情感。着眼“爱国主义”的情感本性及其在实践中的发展逻辑，爱国主义首先是一种人们在实践中凝结的对祖国的深厚情感，同时也是人们“对本民族的心理依附”和对祖国的依存关系的必然反映。人不仅是有复杂多样性和自我精神的生物，更是生活在一定的社会群体之中的生物，任何人都必须在一定的物质条件下和社会集体中从事生产劳动，才能满足自己生存和发展的需要。这就是说现实中每一个人都不能绝对地离开社会独立存在，由此而产生人们对一定人群、地域、社会关系的依赖与联系，即马克思所说的人的本质是一切社会关系的总和。正因如此，在人类社会生活早期，随着各个以血缘关系为基础的氏族部落开始逐渐形成相对固定的生活区域，人们就已经萌发了对氏族部落共同体和故土家园的依赖和眷恋。而随着民族与国家的形成，人们原先自然生发的对本氏族、本部落的热爱之心，逐渐融入了明确的民族意识和国家观念，即人们不仅热爱自己祖国的河山，热爱祖国的文化，而且表现出对祖国和民族的高度认同和依恋，并最终凝聚和升华成兼具感性因素和理性因素的爱国主义情感。可见，在从氏族到民族国家形成的过程中，“爱国”到“爱国主义”经过了一个长期的历史积淀过程，也经历了一个从无到有、循序渐进、从自发到自觉的孕育发展过程。

第二，爱国主义是一种高度的国家认同。爱国主义的“国”，一般包含了两层含义，一是祖国，根据《现代汉语词典》的解释，祖国就是自己的国家，[1] 即祖祖辈辈繁衍生息的特定疆域。二是国家，即国家政权的具体化身。不仅具有实行“阶级的政治统治工具”的职能，也具有护佑其

---

[1] 参见中国社会科学院语言研究所：《现代汉语词典》，北京：商务印书馆2016年版，第1751页。

国民生存和发展的重要职能。从具体样态上来讲，“祖国”和“国家”的内涵并不尽相同，祖国的含义更多地指向地理意义和伦理意义，体现了强烈的民族性和历史延续性，而国家则多指向政治意义，体现历史发展的阶段性。这就是说，当人类发展到阶级社会以后，伴随着民族国家的诞生，任何一个国家都是以一定的政权形式存在着的，不可能存在脱离某种政治制度的抽象国家，因而祖国也绝不仅仅只是一个伦理范畴或地域概念，“国家”实则是“祖国”在人类社会特定历史阶段存在的具体形式和社会条件，既包括历史形成的疆域版图、山川湖海、矿藏物产等自然要素，也包括其人民所创造的生活方式、文化传统、社会制度、价值取向、道德观念、风俗习惯等社会历史要素和政治要素，是一国公民生存和发展的社会共同体、政治共同体和命运共同体。所以，爱国主义所指向之“国”，不仅是具有伦理、故土意义的“祖国”，同时也是政治意义上的“国家”。现代民族国家的爱国主义，从诞生的那一天起，就不仅包含是对国家各种政治要素的理解、接纳与认同，而且侧重“个人一种主观的或内在化的、属于某个国家（民族）的感受。”[1] 从具体的维度上来说，这种认同主要表现在三个方面：一是表现为个体对国家主流传统文化、历史等方面的文化性国家认同，二是表现为对国家基本制度，包括政治制度、经济制度、执政理念、政策运行等方面的政治性国家认同，三是表现为对国家社会治理方式、社会公平与公正的维护，例如社会分配制度、民生保障制度等方面的社会性国家认同。“这是一个由个人诉求扩大到追求公民权利平等而带来的价值同意。公民的国家认同度越高，其对国家的关注度、忠诚度就越明显，国家也会表现出相当的稳定，以国家认同为起点的爱国主义根基就会更加牢固。”[2]

第三，爱国主义是一种价值取向。爱国主义是人们在长期社会实践中逐渐形成的对个人和祖国之间生死相依、血肉相连的价值关系的明确意识。基于此种爱国主客体关系的价值心理和价值观念，人们对国家是否满

---

[1] Leonie Huddy and Nadia Khatib, “American Patriotism, National Identity, and Political Involvement”, American Journal of Political Science , vol. 51, no. 1, 2007, p. 65.

[2] 郭广银主编：《社会主义核心价值观研究丛书·爱国篇》，苏州：江苏人民出版社 2015 年版，第 255 页。

足或符合自身利益和需要进行感知和判断，在社会实践的过程中和与国家的良性互动中逐渐产生了具有肯定性质的心理倾向，并由此形成的稳固的价值取向，即具有理解和评价功能的理性价值判断和明确意识。人们通过理智思考和客观价值判断，能够把自我价值实现与社会公共价值有机统一，把爱国主义情感升华为为国尽责、为国奉献的崇高使命感和责任感，并落实为实践中的真实价值追求和具体爱国行为，从而使爱国主义的价值取向和信念系统成为调整个人、群体、民族和祖国利益关系的最大价值公约数，构成维系一个国家长期稳定和发展的最深层的力量源泉。

第四，爱国主义是一种道德规范。爱国主义作为道德规范，与一个国家遵从和归属的道德体系的基本原则紧密相关，是一国之公民所应遵守的基本行为准则，是调整个人与国家、民族关系的道德要求。国家利益高于一切，个人利益自觉地服从国家和民族利益，是每个公民的道德义务，但这并不意味着两者之间的关系是矛盾冲突的。恰恰相反，马克思曾经说过："人们为之奋斗的一切，都同他们的利益有关"[1]，个人利益服从于祖国利益的爱国主义道德规约，正是基于对其国民利益的追求和保障，正是建立在人民的根本利益基础之上的。祖国是人们赖以生存的社会共同体，也是与每个人切身利益休戚相关的命运共同体，世界各国、各民族的人民在自己长期的社会实践中，通过总结正反两方面的经验，无一不深刻认识到只有国家利益得到充分维护和保障，个人利益才能得到维护和保障，无一不深刻认识到国家利益与个人利益之间的辩证统一关系，并逐渐将这种理性认知内化为稳固的内心信念，进而形成社会成员共同遵守和弘扬的行为规范和传统习惯。并在长期的社会生活实践中通过社会舆论以及教育的力量等外部因素的共同作用，来维持和传递这种理性认知和行为准则，从而在各族人民中普遍地形成了爱国主义的道德规范。

第五，爱国主义是一种法律规范。虽然法律规范中所体现的爱国主义行为准则，在内在情感的生发方面无法做出强制性规范，但可以从正反两个方面对人的爱国行为做出明确规定，通过强制性的法律规章来增强爱国主义的神圣性和权威性，通过具体的法律规范来调整个人与国家的关系，

---

[1]《马克思恩格斯全集》(第1卷) 上册，北京：人民出版社 1995 年版，第 187 页。

规定个人对国家的法定责任，要求每个公民按照法律的规定履行爱国行为义务，要求个人的爱国言行必须符合法律要求和法律规范，否则就会受到相应的制裁或处罚。事实上，世界许多国家在制定法律法规时，常常把对爱国言行的规范和爱国责任义务的规定载入法律条文，使爱国主义的政治原则以法律的形式和政权的行政力量来保证它的实施。在外部规则具有持续性、强制性的规范、引导和约束中，人们也潜移默化地形成了对法律规章所蕴含的爱国思想的认同和内化，使爱国主义的思想观点和行动导向深植于人们的内心深处。

（二）爱国主义的主要特点

爱国主义作为一种具有意识形态性和动态发展性的思想观念体系，具有自身的鲜明特点，概括起来，主要有以下几方面：

1. 实践性与思想性相统一

所谓实践性与思想性相统一，简单来说是指爱国主义的思想观念体系既是来源于人们在长期社会生活中的爱国实践，同时也对爱国实践活动具有巨大的能动作用。主要体现在以下两方面：一方面，从爱国主义的实践性来说，爱国主义是人们在长期的社会实践中对国家的历史、文化、经济、政治等各个要素，以及个体与国家关系的一种感受和认知，是人们的爱国实践活动在人的观念系统中的客观反映。同时，爱国主义的实践性还突出表现为爱国主义本身是一种行动，如果只是在口头上以“爱国主义”来表征个体的爱国情感，或者爱国的立场和态度，并非真正的爱国，而只有将这种情感和立场化作实践中的报国之行，做到言行一致、表里如一，才能称之为一个真正的爱国主义者。另一方面，从爱国主义的思想性来说，爱国主义作为对客观存在的爱国现象的反映，是从感性认识层面上升到理性认识层面。朴素的爱国主义情感对人们爱国思维和行为的影响是比较浅显的，具有不稳固、不深刻、不理性的特点，而爱国主义作为现代民族国家统治阶级思想的重要组成部分，必须通过理论的提炼和升华，力求实现向完整的、系统的、科学的理论体系的升华，形成社会心理情感、国家认同、价值取向、道德规范、法律规范等融合统一的思想观念体系，才能既最大程度地促进人们的爱国实践活动，也促进爱国主义在实践中的发展。只有经过这种思想体系的统摄整合和教育灌输，帮助人们形成稳固而正确的国家观、民族观、历史观，使社会全体成员达致协同的行动，爱国主义才能形成维系统治阶级合法统治和社会稳定的思想共识和精神支撑。

2. 历史性与时代性相统一

所谓历史性与时代性相统一，是指爱国主义作为一个历史的范畴，是在历史长河中由各国人民逐渐熔铸发展起来的，具有历史延续性；而由于时代不同、阶级利益不同，决定了爱国主义具有不同的内容、不同的类型和不同的作用。具体体现在以下两方面：一方面，国家本身是发展变化的，仅从地域来说，大都有一个演变发展的过程；国家的经济、文化和社会制度也都在曲折中发展和进步；世界各个国家间的联系也随着时代的发展逐步扩大与加深。另一方面，国家产生以后，世界上的任何一个人、任何一个阶级、任何一个政党都在一定的国家中生存，都在一定的历史条件下发展，因而，其爱国情感和爱国主义内容所包含的具体对象、范围、规模等都有所不同。这就决定了爱国主义绝非是一种抽象的道德情感，也绝非只是一成不变的历史文化传统，而是随着时代的变化而变化，属于在时代发展中不断积淀、继承和扬弃的范畴。一个国家的爱国主义只有符合时代发展的趋势，在时代发展过程中不断更新和发展，才能支撑和推动这个国家始终走在世界文明发展的大道上。

3. 广泛性与阶级性相统一

所谓广泛性与阶级性相统一，是指爱国主义既是一种广泛存在的现象，同时又根据阶级立场和阶级利益的不同而呈现不同内容。具体体现为：一方面，爱国主义的广泛性主要是指古今中外的所有国家，其国民普遍具有爱国主义的价值观念和道德信念，只要存在着国家和民族，各国人民对自己祖国的依恋之心、亲切之感和热爱之情就会普遍存在。正因如此，爱国主义有着深厚的社会心理基础，有着长期的历史文化传统和广泛的社会舆论支撑，为各种不同阶级或阶层、不同文化水平、不同思想觉悟的广大范围的社会成员所接受和理解。千百年来，虽然人类社会的生产方式和生活方式发生了重大变化，但是爱国主义精神却仍然渗透在社会生活的各个方面，在各个国家的政治、经济、文化等社会生活中有着普遍反映。无论哪个国家哪个时代，其人民的爱国主义感情是广泛存在的。另一方面，国家是阶级统治的工具，作为维护这个统治的意识形态的重要组成部分，爱国主义也必然打上阶级的烙印，不同阶级基于各自的阶级立场和利益，有不同类型和不同内涵的爱国主义。当然，我们也应看到，尽管不同阶级在不同时期对于爱国主义的理解和认识存在差异，但当国家面临重大的国家或民族危机时，不同阶级的爱国立场和态度也会出现暂时的统一，维护国家和民族的整体利益就可能成为不同阶级的共同追求和最高准则，从而推动不同阶级和全体社会成员建立起爱国统一战线。

4. 整体性和层次性相统一

所谓整体性和层次性相统一，是指爱国主义既是一个完整的思想体系，具有严整的层次结构，同时每一层次结构也是层层递进，逐渐发展的。具体来说：一方面，爱国主义虽然具有国家认同、心理情感、价值取向、道德规范和法律规范等多重表现形态，但是几者之间具有符合实践规律的生成逻辑，具有实然的整体性，因而每一个具体形态难以绝对界定、断然割裂。另一方面，爱国主义生成发展包含的认知、情感、意志、行为四要素之间也具有螺旋上升、互为促进的整体性和层次性。不仅爱国认知是一个逐渐积累、逐渐发展的过程，爱国情感也由于“受个体的认知水平的制约，爱国情感体验形成的发展水平有一个由感性到理性、由具体到抽象、有他律到自律、由前习俗水平和原则水平的发展过程。”[1] 爱国意志、行为也具有程度、强弱等层次上的区别。从爱国主义指向的具体对象来说，同样也有一个由近及远、由小及大、由具体到抽象的发展过程。例如从热爱故土家园，到热爱祖国的大好河山，再到热爱祖国的悠久历史和灿烂文化等等。

[1] 顾海根、梅仲荪：《爱国情感教育心理学研究》，北京：民族教育出版社 1999 年版，第 21 页。

二、中华人民共和国成立以来大学生爱国主义教育的内涵和现实意义

为明确本研究的逻辑起点和研究界域，必须在对大学生爱国主义教育的内涵和要义进行正确把握的基础上，更深刻全面地理解和归纳中华人民共和国成立以来大学生爱国主义教育的具体内涵和现实意义。

（一）大学生爱国主义教育的内涵

爱国主义教育作为思想政治教育的主旋律，具有自身相对完整的理论体系，是一项具体的思想政治教育实践活动。虽然爱国主义教育的内涵至今尚未达成统一界定，但在爱国主义教育是通过一定的教育中介、根据一定社会的要求、培养受教育者爱国知、情、意、行四要素的统一的一种教育实践活动这一核心观点上，形成了学术界的共识，为正确把握大学生爱国主义教育的内涵和本质提供了重要参考。学者们基于对爱国主义教育内涵的把握，进一步提出了各自对于大学生爱国主义教育的理解和定义。郑志发、黎辉认为：大学生爱国主义教育就是指通过一定的教育内容、方法和手段，对大学生进行的集爱国主义理论知识灌输、爱国情感熏陶、爱国实践指导于一体的教育实践活动。[1] 刘建军从功能性的角度提出，爱国主义要从自发状态向自觉方向发展，成为个体崇高的爱国主义精神和行动，“就需要对爱国主义进行必要的引导和规范，而大学生爱国主义教育就起着这样的作用。”[2] 王秀敏则认为，当代中国的大学生爱国主义教育要遵循人类发展总趋势，坚持适应国家和民族发展要求与促进大学生成长成才相一致的基本原则，培养大学生的政治认同、引导其承担历史使命，

---

[1] 参见郑志发、黎辉：《爱国主义教育结构探析》，《南昌大学学报》2005 年第 5 期，第 137-142 页。

[2] 刘建军：《论经济全球化时代的爱国主义》，《教学与研究》2012 年第 4 期，第 5-15 页。

作出爱国贡献。[1] 可以看出，学者们对于大学生爱国主义教育的相关要素、价值使命等进行了诸多探讨，但鲜少明确地定义大学生爱国主义教育这个概念本身究竟是什么，因此本研究还需要在整体把握大学生爱国主义教育相关元素和特质的基础上，明确地界定其内涵。

所谓大学生爱国主义教育，是指教育者根据党和国家的发展目标和方针政策，以马克思主义为指导，有目的、有组织、有步骤地对大学生施加爱国主义思想影响，厚植大学生知、情、意、行相统一的爱国情怀的教育实践活动。其要义有以下几点：

第一，大学生爱国主义教育要提高大学生的爱国认知。爱国主义是一种完整的思想观念体系，而大学生的认知水平和认知体系日趋成熟，思维也充分发展，从根本上决定了开展爱国主义教育要以提升大学生的爱国认知为重要目标，这不仅是培养大学生深厚爱国情感的有效载体，也是引导其形成国家认同的基本前提。只有形成正确的爱国认知和理性思维，才能为厚植大学生的爱国情感培育坚实的土壤。第二，大学生爱国主义教育要培养大学生的爱国之情。爱国之情是在认知基础上发展起来一种社会性情感，针对大学生情感充沛、情感张力大，同时情感冲动明显的突出特点，教育者要把握对其进行情感教育的关键时机，遵循其爱国情感的发展规律和转化规律，重视社会环境和文化的涵育功能，使大学生的爱国之情从自发转向自觉，从感性转向理性。第三，大学生爱国主义教育要引导大学生砥砺强国之志。意志是指个体为实现目标而决意克服一切困难和阻碍的心理取向或能力。强国之志就是为了祖国的强大而努力拼搏、矢志奋斗、百折不挠的坚定信念和志向，它是在形成全面的爱国认知和深厚的爱国情感的基础上形成的爱国理性和价值追寻，是一种强大的精神动力。砥砺大学生的强国之志，帮助大学生树立起强国报国的坚定志向，就能够使他们严格要求自己，排除一切困难和阻碍，在为实现民族复兴而不懈奋斗的历史洪流中实现自我价值。第四，大学生爱国主义教育要引导大学生落实报国之行。大学生爱国主义教育的最终目的，就是要使大学生把爱国主义情感

[1] 参见王秀敏：《论新时期大学生爱国主义教育的科学内涵及时间策略》，《继续教育研究》2017 年第 12 期，第 92-94 页。

内化为高尚的道德情操，外化为实践中的爱国、报国、强国的具体行为，成为激励和指引大学生在今后的人生中始终做到“利于国者爱之，害于国者恶之”的道德规范和行为准则。

（二）中华人民共和国成立以来大学生爱国主义教育的内涵

中华人民共和国成立以来大学生爱国主义教育的内涵，是指在中华人民共和国成立70多年来的发展历程中，大学生爱国主义教育作为中国共产党思想政治工作的重要组成部分，教育者有目的、有计划、有组织地对大学生的爱国思想和行为施加影响，以培育大学生深厚爱国情怀，促进大学生全面发展，从而传承和弘扬中华民族的爱国传统和爱国精神，并为党和国家社会主义事业培养合格建设者和可靠接班人的一种特殊教育实践活动。主要有以下几层要义：

1. 其是中华人民共和国成立以来党引领大学生继承和弘扬中华民族爱国主义精神的特殊实践活动

第一，其是党和国家厚植大学生爱国情怀，传承和发扬中华民族爱国主义传统的重要途径。中华民族的爱国主义，体现的是中华儿女对伟大祖国的真挚情感、报国意志和坚毅行动。加强爱国主义教育，继承和发扬中华民族悠久的爱国主义传统，对于振奋民族精神，增强民族凝聚力和行动力具有重要价值。通过不断深化大学生爱国主义教育，将其贯穿大学教育全过程，贯穿社会生活各领域，着力使大学生广泛受到爱国主义的文化熏陶和情感激励，引导大学生以实际行动弘扬和践行爱国主义，才能使中华民族爱国主义的精神旗帜永远高高飘扬。因此，纵观各个时期党和国家开展爱国主义教育，以及加强和改进大学生思想政治教育的有关文件、德育大纲乃至学生守则，我们都不难发现，无论时代如何变化，无论思想政治教育的目标如何表述，内容如何发展，大学生爱国主义教育始终是高校思想政治工作的根本主题和中心内容。

第二，其是在一定的时代境遇下开展的特殊实践活动，是中华人民共和国成立以来我们党着眼实现中华民族伟大复兴的总目标和爱国主义的鲜明主题。在社会主义革命、建设、改革不同阶段的具体时代背景下开展的一种特殊育人实践活动。每一阶段不同的时空条件和实践土壤，既为大学生爱国主义教育提供一定的机遇和条件，同时也使大学生的思想问题和实际需要不断发生变化，为制定每一阶段的具体教育目标提供依据，也提出每一阶段需要面对和解决的新挑战和新问题，因此在长期发展过程中，组织者和教育者根据不同时期党和国家的阶段任务、社会环境的发展变迁、大学生的实际特点、科学技术的发展进步等时代境遇有针对性地开展教育活动，推动大学生爱国主义教育不断呈现新的发展局面。

第三，其是一项凝心铸魂的情感培育和价值塑造工程。中华人民共和国成立以来大学生爱国主义教育作为一项凝心铸魂的情感培育和价值塑造工程，坚持依循个体心理结构中认知、情感、意志、行为四要素由浅入深、依次递进、螺旋上升的发展逻辑，引导大学生把爱国情怀真正内化于心、外化于行。基于爱国主义知情意行的内在要素和逻辑脉络，要实现教育者对作为教育对象的大学生的情感培育、价值传递和价值塑造，必须在复杂多变甚至长期反复的教育过程中以培养和促进大学生爱国主义认知、情感、意志和行为的协同发展为重要目标和重要遵循。而长期以来大学生爱国主义教育的教育者们正是以此为重要依据，尊重大学生的主体地位和情感需要，不断总结和探索爱国主义教育的内在规律，在显隐结合、情理交融中厚植大学生的爱国情怀，这也是中华人民共和国成立以来大学生爱国主义教育能够取得理想效果的重要原因。

2. 其是中华人民共和国成立以来党和国家培养社会主义可靠接班人和合格建设者的教育实践活动

第一，其是社会主义高校落实“为党育人，为国育才”初心使命的必然要求。从中华人民共和国成立到现在，党和国家把社会主义的大学生爱国主义教育作为集聚大学生群体的先锋力量，培养全心全意忠于党和国家事业的建设者和爱国者的重要政治工作。中国共产党始终以加强自我建设和自我革命、不断提升治国理政能力、保障和提高人民福祉为基本前提，同时运用执政党掌握的上层建筑及意识形态的力量，注重发挥社会主义爱国主义的精神优势和凝聚功能，为厚植大学生爱国情怀夯实物质基础和心理基础，通过系统的爱国主义教育引领大学生了解和认同党的政治路线和行动纲领，使“听党话、跟党走”成为大学生自觉的价值判断和坚定行动，使勇担民族复兴使命成为大学生的价值追求和实践导向，为完成党和国家各阶段中心任务，推动中国特色社会主义事业发展输送了源源不断的有生力量。

第二，其以促进大学生的全面发展为重要价值导向，实现了对于大学生的重要个体价值。爱国主义是一个人的立德之源和立功之本，是思想政治教育的基础和核心内容，大学生爱国主义教育能够起到激发大学生精神动力，塑造其完善人格和良好道德情操的强大作用。大学生的爱国主义价值观念和道德品质，可以明确大学生的个体追求和个体意义所在，提高大学生爱祖国、爱人民、爱社会主义、爱中国共产党为核心的思想道德素质，构成了大学生实现全面发展的重要内容。同时，人的发展进步是内因和外因共同作用的结果，爱国主义教育能够帮助大学生寻求个人发展的内在依据和内在动力，促进大学生在实践中勤学修德、踔厉奋发，努力实现全面发展。

第三，其是促进社会发展与促进大学生全面发展的价值追求相统一的过程。大学生个体价值的实现，为中华人民共和国成立以来大学生爱国主义教育社会价值的实现奠定了坚实的基础，推动其充分实现社会价值与个人价值的统一。社会主义现代化建设关键在人，在人的素质、能力的提高，高素质人才的培养离不开爱国主义教育，具有爱国情怀、实践能力和主观能动性的人，才能促进社会发展。包括大学生在内的全体人民的爱国实践，是创造社会物质文化财富、建设强大祖国的力量之源，而国家越强大、社会物质文化条件越充分、人民越能共享发展利益，又越能为厚植大学生爱国情怀奠定坚实的物质和心理基础，为大学生全面发展提供更广阔的空间，从而实现国家与个体之间的良性互动，使大学生爱国主义教育在社会价值与个体价值相统一的过程中向前发展。

3. 其是大学生爱国主义教育基本要素、实施过程和实际效果不断改进和优化的过程

一方面，其是大学生爱国主义教育的相关要素不断发展的过程。中华人民共和国成立以来大学生爱国主义教育坚持马克思主义及其中国化、时

代化成果为理论指导。而马克思主义及其中国化、时代化理论成果不是固定不变的教条，而是与时俱进、不断发展、引领我国革命、建设和改革不断前进的发展着的鲜活的思想理论，它们的发展必然要求和促进大学生爱国主义教育进行相应发展。同时，中华人民共和国成立以来大学生爱国主义教育的内在矛盾和外在因素的影响，是其在实践中不断加强和改进的动力。就根本原因来说，主要在于中华人民共和国成立以来大学生爱国主义教育在取得一定效果和成绩的同时，也存在着不足和问题，这是其发展的内在动因。就外部因素来说，其发展不仅受国家经济、社会、文化发展等宏观因素的制约，也受高等教育发展的状况、思想政治教育工作的开展情况、教育者和教育对象的实际情况的影响。因此，中华人民共和国成立以来，党和国家根据实际情况和实际需要科学制定大学生爱国主义教育的目标和任务，坚持问题导向和效果导向，使大学生爱国主义教育的内容、载体、方法途径等基本要素不断丰富、相互衔接、相互配合，推动大学生爱国主义教育始终在改进中加强，呈现良好的教育效果和发展趋向。

另一方面，其是一个不断构建立体化的教育场域和教育系统的过程。作为一个具有开放性的长期工程和系统工程，中华人民共和国成立以来大学生爱国主义教育不是一个孤立的教育环节，而是要在党的领导下着力构建多维度，全时域的育人场域。大学生爱国主义教育的途径要素不是封闭和单一的，而是跟随影响大学生思想的社会因素和教育因素而变化和扩大，根据社会和高校所能提供的教育条件而不断拓展和创新的。这不仅是爱国主义实践性和发展性的必然反映，也是由大学生爱国主义教育的自身规律决定的。影响大学生爱国情感和思想的因素不局限于学校教育和学校环境，同时也在于社会物质文化和社会环境的影响，尤其是随着社会越来越开放，社会存在越来越多元，影响大学生思想的社会和教育因素越来越复杂，大学生爱国情怀的培育和形成不可能独立于社会环境和世界思想文化的影响之外，因此必须要立体构建大学生爱国主义教育的社会课堂和浓厚氛围，促进学校、家庭、社会协同育人。

（三）中华人民共和国成立以来大学生爱国主义教育的现实意义

中华人民共和国成立 70 多年来，大学生爱国主义教育立足实践要求，不断焕发旺盛的生命力和强大的感召力，培育了大学生爱国心和民族魂，并引导他们将强烈的爱国情感转化为现实的推动力量，培养了一批批合格的社会主义事业建设者和接班人。具体体现在以下几个方面：

1. 厚植了一代又一代大学生的爱国情怀

作为一种社会性情感，爱国情感是一种在不断加深爱国认知的基础上逐渐厚植起来的情感。中华人民共和国伊始，各个高校就在党的领导下积极探索开展大学生社会主义爱国主义教育的全新途径，培养大学生对中华人民共和国新制度的热爱之情，引导大学生树立符合社会主义意识形态要求的新的爱国思想观念，引导大学生转变旧社会遗留的旧思想旧观念，“除掉百年来帝国主义侵略烙在中国人民身上的印记，使中国人民确信自己的力量，敢于抬起头来，勇敢迈进”[1]，开始逐步树立起民族自尊心、自信心，开始树立起为人民服务、为祖国奉献的人生观和价值观。同时通过引导大学生增强对社会主义理论体系，以及党的基本纲领和基本路线的了解和认识，引导他们在复杂的政治局势中用正确的思想方法认识和分析问题，认清局势发展的本质，做出认同党的事业和党的领导、认同社会主义制度的政治选择，使青年大学生深刻认识到“我们优越的社会制度，就是我们国家今天空前强大的原因”[2]，以无限的热情和信心支持和拥护党的领导，积极地支持并拥护社会主义制度，以实际行动投身火热的社会主义建设。改革开放以来，大学生爱国主义教育通过坚持共同理想和远大理想相结合，激起了一代代大学生的情感共鸣和政治认同，帮助他们树立起将个人成长奋斗融入国家发展进步的远大志向，形成个体发展与国家发展的良性互动。党的十八大以来，在以习近平同志为核心的党中央的带领下，我们取得了全方位的跨越性的发展成就，极大地提高了全体中国人民的物质生活条件和思想道德素质，并且坚持立足中国又胸怀世界，不断为世界发展提供中国智慧和中国力量，赢得了世界各国有识之士的普遍赞赏。教育者们充分把握大学生爱国主义教育的有利时机和现实素材，引导

---

[1] 青年团西北工委宣传部：《爱国主义学习资料（修订本）》，西安：西北青年出版社1952年版，第33页。

[2] 青年团西北工委宣传部：《爱国主义学习资料（修订本）》，西安：西北青年出版社1952年版，第33页。

大学生把对国家强大、人民幸福的感性认识和切身体会提升到理性认识的高度，坚持对大学生进行“四个意识”“四个自信”和“五个认同”的教育，使全体大学生深刻认识到我们的国家“昨天可爱、今天可爱、明天会更可爱”，使大学生对党和国家的政治认同愈发坚定，爱国情感愈发浓厚。有力地增强了新时代大学生对社会上的错误思潮、错误价值导向的辨别、抵御能力，对培养大学生衷心认同和拥护党的领导、认同和拥护社会主义制度发挥了不可估量的作用。

2. 促进了一代又一代大学生的全面发展

人的全面发展是“人以一种全面的方式，就是说，作为一个完整的人，占有自己的全面的本质”[1]。大学生爱国主义教育作为旨在促进大学生爱国主义情感提升、培养和发展大学生的爱国意志品质的一种教育活动，构成了大学生全面发展的不可缺少的有机组成部分。

第一，爱国主义情感和道德构成了大学生健全人格和优良品德的重要组成部分，通过爱国主义教育厚植大学生的爱国情感是大学生全面发展的内在要求。习近平总书记指出：“做人要有气节、要有人格。气节也好，人格也好，爱国是第一位的。”[2]，如果一个人没有对自己国家的热爱，就会失去精神的支柱和正确的价值取向，就不可能形成高尚的气节和完善的人格。如果一个民族没有爱国主义的民族魂，没有自立自强的自尊心，就不可能屹立于世界民族之林。中华人民共和国成立以后，各个高校加强对大学生进行爱国主义教育，鼓舞、激励大学生继承爱国主义的民族精神基因，引导大学生正确看待自我与集体、社会、国家之间的关系，培育大学生的爱国情感，提高大学生的爱国道德修养和行为规范。第二，大学生爱国主义教育在长期实践中通过引导大学生了解国家的历史与文化，深刻认识“四个选择”的历史必然，了解国家的基本国情与形势任务，帮助大学生在中国特色社会主义的文化和政治背景中看清国家、民族的历史方位和个人的发展机遇，从根本上构建起“中国人”的身份构建和身份认同，使他们既在个人存在的问题上时刻感受到一种“高度的国家关系在场”，

[1] 《马克思恩格斯文集》(第1卷)，北京：人民出版社2009年版，第89页。
[2] 《习近平在北京大学师生座谈会上的讲话》，《人民日报》2018年5月3日。

树立起国家民族层面的安全感、归属感、获得感和自豪感，从而心有所归、情有所寄。同时也巩固了中华民族的民族自觉和民族认同，树立起坚决维护国家利益和民族尊严的责任和意识。使他们坚信自身利益只有在党和国家的护佑下才能得到保护和发展，国家的发展和进步为个人的成长进步提供巨大的空间和舞台，坚信只有国家强大才有个人尊严并实现个人价值，从而构筑起每一名大学生共同的精神家园。第三，大学生爱国主义教育通过坚持开放包容又立足民族的基本立场，使大学生深刻地认识到，国家的兴旺，民族的振兴，不仅要具备面向世界的现代意识，更要继承民族传统之精华和发扬自尊自信自强之国格，在祖国尊严、民族气节等大是大非的问题上，做到爱憎分明、讲究风骨，珍惜国家来之不易的发展成就，自觉地捍卫国家荣誉和尊严、自觉地捍卫国家主权和安全，坚决地反对国家虚无主义、民族虚无主义、历史虚无主义，使国家认同和国家尊严成为融入内心的坚定信仰。一代代大学生饱含对祖国的赤子之情，对人民的赤诚之意，对知识的渴求之心，把个人命运与社会主义的前途命运紧紧联系起来，在爱国主义的强大精神动力的推动下努力实现全面发展。

3. 推动了党和国家社会主义事业的不断发展

在70多年的发展历程中，大学生爱国主义教育从培养有社会主义觉悟的有文化的劳动者，到培养有理想、有道德、有文化、有纪律的四有新人，再到培养跨世纪的社会主义合格建设者和接班人，一直到今天培养担当民族复兴大任的时代新人，始终坚持了“为党育人、为国育才”的初心使命，推动了社会主义事业的不断发展。

历史和现实证明，青年大学生群体始终都是国家革命、建设和发展的重要人才资源，大学生爱国主义教育为培养党和国家需要的具有深厚爱国主义情怀的合格人才作出了重要贡献。中华民族爱国主义的优良传统绵延五千多年，无论是“天下兴亡，匹夫有责”的责任意识，还是“苟利国家生死以，岂因祸福避趋之”的民族气节，以及“誓心家国事，协力共担当”的担当精神，都是爱国主义精神的具体体现和历史传承，中国青年继承和发扬了这种爱国主义的崇高精神，始终是整个社会中最积极变革、最勇于拼搏的重要力量。中华人民共和国成立以后，党和国家高度重视大学生“堪当大用、能担大任”的先锋作用，在建立、坚持和发展社会主义这一共同理想的指引下，把爱国主义教育作为高校立德树人的核心任务和核心途径，发挥中华民族悠久历史文化的涵育功能，以社会主义核心价值观引领大学生健康成长，使“爱国、爱党、爱社会主义高度统一”成为大学生坚定的内心信念，为社会主义革命、建设和改革事业培养了源源不断的新生力量。一代代大学生在党的领导、教育和引导下矢志报国、敢于担当，在祖国的各个角落、各条战线、各个岗位建立了彪炳史册的功勋。从中华人民共和国初期培养起来的被誉为“杂交水稻之父”的中国工程院院士袁隆平，中国“航天之父”“导弹之父”孙家栋，西南交通大学“西迁人”等为代表的的老一辈知识分子；一直到今天，长眠在扶贫路上的“时代楷模”、大学生村官黄文秀，在中印边境冲突中卫国戍边牺牲的大学生士兵肖思远，在疫情防控中淬炼青春、勇挑重担的“95后”“00后”大学生，在北京冬奥赛场上顽强拼搏、为国争光的“00后”大学生运动员……大学生爱国主义教育始终服务和服从于各个时期党领导的爱国实践的鲜明主题，培育了一代代奋发有为的社会主义新人和爱国青年人才，助力国家经济社会发展和社会主义现代化建设取得重大成就。

三、中华人民共和国成立以来大学生爱国主义教育的理论依据

马克思主义经典作家和中国共产党历届领导人关于爱国主义和爱国主义教育的重要论述，为中华人民共和国成立以来的大学生爱国主义教育提供了重要理论依据和理论指导，引领其在科学发展中发挥了育人实效。

（一）马克思、恩格斯关于爱国主义的重要论述

在批判资产阶级狭隘的民族主义和沙文主义的过程中，以及指导无产阶级革命和工人运动的过程中，马克思、恩格斯提出了许多关于爱国主义的重要论述，具有独特而深刻的历史文化背景和丰富内涵。

1. 马克思、恩格斯抨击和批判资产阶级的狭隘民族主义和“爱国”沙文主义

在马克思、恩格斯生活的年代，西方资本主义国家为了追求利益最大化，不仅拼命压榨本国工人阶级，而且在世界范围内疯狂占领和抢夺殖民地，使贫穷落后的殖民地国家的社会矛盾更加剧烈，人民生活日益困苦。这些国家的工人阶级在争取生存权利的斗争中逐渐觉醒，开始形成具有行动纲领的工人组织，与资本主义国家及其代言人英勇斗争。在这个过程中，资产阶级以虚假爱国主义的幌子来欺骗他们，试图将工人阶级绑架在资产阶级侵略和掠夺他国的战车上，试图蒙蔽、消解、摧毁工人阶级的觉醒和他们对资产阶级及其反动制度的反抗。在这样一种特殊的历史背景下，马克思、恩格斯毫不留情地揭露和批判资本主义剥削的本质，对资产阶级的“民族主义”“爱国主义”“沙文主义”展开激烈的抨击。马克思指出：“资产阶级的纯正的爱国主义……由于其财政、商业和工业活动已带有世界的性质，这种爱国主义现在已只剩下一个骗人幌子。在类似条件下，这个幌子将会像在法国一样被戳穿。”[1] 他强调，资产阶级之所以利用“爱国主义”“民族主义”的幌子来蒙骗大众，其目的正是要阻止各国工人阶级通过国际主义的爱国主义联合起来，用革命的手段去争取自身的解放[2]，资产阶级宣扬的所谓“爱国主义”“民族主义”是有利于资产阶级而有害于无产阶级的，但是他们这种蒙骗大众的把戏，在其不择手段追逐自身利益的实际行动中已经露出了马脚，已经成为无法自圆其说的可笑把戏。马克思和恩格斯深刻地揭示了资产阶级华丽辞藻里所掩盖的“异化”“窄化”真正的爱国主义的本质，以及资产阶级所谓爱国主义的虚假的、大国沙文主义的实质，帮助广大的无产阶级和普通民众坚定与其斗争到底的立场。

2. 马克思、恩格斯提出革命主义的爱国主义

第一，马克思、恩格斯号召广大无产阶级通过暴力革命争取国家政权，为无产阶级的爱国主义提供基本前提。马克思恩格斯曾深刻地指出：

[1] 《马克思恩格斯全集》（第 17 卷），北京：人民出版社 1963 年版，第 606 页。

[2] 参见《马克思恩格斯全集》（第 17 卷），北京：人民出版社 1963 年版，第 605 页。

"工人没有祖国。"[1] 其实质是指在资本主义制度下，作为统治阶级的资产阶级为了利益最大化而拼命压迫和剥削无产阶级，所谓的祖国实际上不过是资产阶级用来镇压无产阶级的国家机器，尤其是殖民地的工人，更是活在了由别的国家的资产阶级所统治的所谓"祖国"。工人阶级在极度的剥削和压榨下早已成为了无家可归的无产者，他们连基本的生存权利都没有了保障，又哪里有国可爱呢？爱国的前提是祖国必须属于全体人民，必须保障全体人民的幸福和权利，人们绝不会去爱压迫自己、奴役自己、令自己朝不保夕的国家机器。他们强调无产阶级要"用暴力推翻资产阶级而建立自己的统治"[2]，唯此，才能建立起属于自己的祖国，这时的无产阶级才能称得上有国可爱。第二，马克思、恩格斯号召无产阶级要勇敢地争取民族独立，为发展和实践无产阶级的爱国主义提供现实土壤。马克思、恩格斯指出，任何民族只要没有实现民族独立，就没有讨论任何所谓内政问题的前提[3]，他们指出被侵略被压迫的民族要在共产党人和工人阶级的领导下全力反抗外国的侵略，以工人阶级革命主义的爱国主义的具体实践，以"武器的批判"来争取国家的独立和解放，解除国家的被侵略和民族的被压迫。第三，无产阶级爱国主义运动必须以共产党人为领导力量，因为共产党人才是整个世界范围内全体无产阶级利益的忠实代表。对此马克思恩格斯以实际的行动和透彻的说理阐明："共产党人强调和坚持整个无产阶级共同的不分民族的利益"[4]，正是因为共产党从诞生的那天起，就以代表和追求全体无产阶级的共同利益为己任、为使命，才能为无产阶级及其真正的祖国谋大利、谋出路、谋幸福，才能成为广大人民群众衷心拥护的领导力量。总之，马克思、恩格斯所倡导的爱国主义，是要以无产阶级真正的解放和民族国家的独立为前提，他们号召无产阶级在共产党的领导下拿起革命的武器，并在建立自己的统治和社会主义制度出现后，在反共性质的各国战争中，来保卫自己的真正的祖国。

---

[1] 《马克思恩格斯选集》（第1卷），北京：人民出版社2012年版，第419页。
[2] 《马克思恩格斯选集》（第1卷），北京：人民出版社2012年版，第172页。
[3] 参见《马克思恩格斯全集》（第35卷），北京：人民出版社1971年版，第260页。
[4] 《马克思恩格斯选集》（第1卷），北京：人民出版社2012年版，第172页。

3. 马克思、恩格斯提出要发扬国际主义

马克思、恩格斯所坚持和发扬的国际主义的基本观点，就是要超越国界的范围，最广泛地联合各国无产阶级，为反对和推翻资产阶级的阶级斗争和革命斗争聚集最大的力量，以斗争的胜利果实给予各国人民真正的国家独立和民族解放。马克思认为大工业时代人类社会的主要矛盾不是民族国家间的矛盾，而是由资产阶级对无产阶级的深重剥削所带来的两者之间不可调和的矛盾与斗争。这种矛盾和斗争由于资产阶级剥削的广泛性早已超越了民族和国界，具有世界性的普遍意义；而且生活困苦、物质条件匮乏的无产阶级也必须联合起来才有战胜资产阶级并获得自身解放的机会和可能[1]，他们发出了振聋发聩的号召："全世界无产者，联合起来！"[2]这种联合要求各国无产阶级要以争取全人类的解放为统一目标，以共产党的领导为统一领导，在其纲领和路线的指引下寻求革命行动的成功和突破。总之，面对资产阶级的强大及其在世界范围内的剥削，无产阶级必然也要通过国际主义的爱国主义运动，打破民族和地域的界限，携起手来共同反对资产阶级，唯此才能壮大革命的力量和影响，争取革命胜利的可能。所以各个国家的无产阶级必须坚持国际主义的原则，坚决而又广泛地联合起来，共同反抗和推翻已经结成世界联盟的各国资产阶级的反动统治。

（二）列宁、斯大林关于爱国主义的重要论述

列宁、斯大林阐明了无产阶级爱国主义与无产阶级国际主义的内在联系，从理论和行动上发展了马克思、恩格斯关于爱国主义的基本观点。

1. 列宁旗帜鲜明地反对和批判小资产阶级的狭隘爱国主义

列宁认为，在新兴的资本主义时代，当资产阶级进行着反对封建主义的斗争，进行着建立资产阶级国家的斗争的时候，民族资产阶级是起到过进步作用的。民族资产阶级和广大劳动群众，在反对封建阶级和封建制度的斗争中，在某一个时候步调是一致的。但是与劳动大众的爱国主义相

[1] 参见《马克思恩格斯选集》（第1卷），北京：人民出版社2012年版，第419页。
[2] 《马克思恩格斯选集》（第1卷），北京：人民出版社2012年版，第435页。

反，资产阶级的民族主义在本质上是反人民的，民族资产阶级所关心的并不是人民的利益，他们一面热望着剥削人民的独占权，一面高嚷着帝国主义战争的“祖国”性质和用“保卫祖国”去伪装自己对资产阶级利益的保护及对无产阶级利益的出卖行为。对此，列宁深刻地揭露了资产阶级关于“祖国”的虚伪宣传，他指出：“1789—1871 年这个时代是进步的资本主义时代，当时摆在历史日程上的是：推翻封建制度、专制制度，摆脱外国奴役。在这个基础上，也只有在这个基础上，才容许‘保卫祖国’，即保卫祖国不受压迫。这个概念现在也还适用于反对帝国主义大国的战争，可是要把它应用于帝国主义大国之间的战争，应用于决定谁能更多地掠夺巴尔干和小亚细亚国家等等的战争，那是荒谬的。”[1] 因此，他强调那些与资产阶级一道在帝国主义战争中高喊“保卫祖国”的所谓社会主义者，实际已经成为无产阶级革命的背叛者，是冒牌的马克思主义者。

2. 列宁阐释了无产阶级的爱国主义

一方面，列宁认为无产阶级暴力反抗资产阶级的战争是正义的人民战争，是代表全体无产者利益的真正的爱国斗争。他指出：“战争的性质（是反动战争还是革命战争）不取决于是谁进攻，‘敌人’在谁的国境内，而取决于哪一个阶级进行战争，这场战争是哪一种政治的继续。”[2] 认为无产阶级对于反抗用民族团结的美名作伪装的资本主义奴役所进行的革命斗争，对于反抗保护剥削者利益的资产阶级国家所进行的斗争，都是深刻的爱国主义的斗争，这种斗争的最后目的就是消灭资本主义和建立社会主义，不仅充分反映了以工人阶级为代表的全体劳动者的根本利益，也就是说人民的利益，而且符合和昭示了人类社会发展的基本规律，必定会取得最终的胜利。另一方面，列宁强调真正的爱国主义者应该坚持国际联合的观点，在世界范围内联合起来与资产阶级及资产阶级所掌握的社会、政治制度进行斗争。列宁指出：“如果你是一个社会主义者，你就应当为了国际革命而牺牲自己的一切爱国主义情感”[3]，这里所指的应该断然牺牲的

[1] 《列宁全集》（第 27 卷），北京：人民出版社 1984 年版，第 197 页。
[2] 《列宁全集》（第 35 卷），北京：人民出版社 1985 年版，第 288 页。
[3] 《列宁全集》（第 35 卷），北京：人民出版社 1985 年版，第 208 页。

“爱国主义情感”，针对的就是小资产阶级实为追求和保护自身利益的狭隘的甚至是虚假的爱国主义。当列宁毫不留情地揭露资产阶级的狭隘民族主义，强调基于斗争的残酷性和长期性以及无产阶级利益的共同性，各国无产阶级必须在国际主义的旗帜之下为实现社会主义而广泛联合和互相支援的时候，绝不等于对民族和祖国就表示虚无主义的态度。相反，列宁明确地指出，祖国是无产阶级斗争中最强有力的因素[1]。

3. 列宁、斯大林开创并发展了苏维埃爱国主义

伟大的十月社会主义革命，开辟了人类历史上的新纪元。伴随着工人阶级和农民阶级的社会主义国家的诞生，列宁、斯大林也把无产阶级的爱国主义发展到了苏维埃爱国主义的阶段。

第一，列宁和斯大林认为，苏维埃爱国主义代表无产阶级和人民群众的根本利益，保卫苏维埃共和国，就是保卫无产阶级和全体人民真正的祖国。面对着帝国主义的包围和疯狂围剿，列宁指出：“我们从 1917 年 10 月 25 日起就是护国派了，我们赢得了保卫祖国的权利。”[2] 也就是说，当伟大的俄国无产阶级通过武装起义建立起苏维埃政权时，饱受压迫的无产阶级才算是拥有了代表他们的根本利益的真正祖国，在这里人民实现了真正的自由和独立，具备了实现自身发展和利益的现实条件，因此在面对帝国主义的包围和炮火时，广大无产阶级必须英勇地捍卫来之不易的人民政权。斯大林指出，苏维埃爱国主义是与资产阶级虚假的爱国主义截然不同的爱国主义，它源自全体人民对苏维埃祖国的真挚热爱和忠诚，从根本上代表了全体人民和各族人民的共同利益，因此能够把苏维埃各民族凝结为团结统一的大家庭[3]。因此当这个真正的祖国受到侵犯和威胁时，广大无产阶级和人民群众必须在苏维埃爱国主义的鼓舞下英勇地保卫它的团结、独立和统一。

第二，列宁和斯大林认为，维护和发展苏维埃政权的关键在于发展生产力，而苏维埃爱国主义是其重要动力。列宁指出，提高劳动生产率，创

---

[1] 参见《列宁全集》（第 34 卷），北京：人民出版社 1985 年版，第 133 页。

[2] 《列宁全集》（第 34 卷），北京：人民出版社 1985 年版，第 318-319 页。

[3] 参见《斯大林文选》，北京：人民出版社 1962 年版，第 395-396 页。

造高于资本主义的社会结构和生产组织形式，是社会主义革命取得胜利以后的第一要务[1]，这也是社会主义国家优于资本主义国家的具体表现。斯大林也指出，当无产阶级通过暴力革命夺取政权以后，要巩固政权并使其不可战胜，必须要把发展生产作为重要任务，要把一切劳动者团结在无产阶级周围，按照社会主义苏维埃的生产方针来组织生产，“苏维埃共和国就是那个找了很久而终于找到了的政治形式，在这个形式的范围内将完成无产阶级的经济解放，社会主义的完全胜利”[2]。而“苏维埃社会主义的爱国主义，是具有包罗万象的性质的，它不但表现于对人民的亲爱和忠诚，还表现于对社会和政治制度的亲爱和忠诚，并表现于对待为人民谋幸福的劳动的公正和忠诚”[3]，体现了苏维埃爱国主义热爱人民、热爱社会主义制度和热爱为人民谋幸福的劳动的统一，因此必然能够发挥促进人民积极参与国家建设的动力作用。

第三，苏维埃政权的取得是国际主义和革命主义的胜利，并为国际无产阶级革命树立榜样。斯大林在对俄国无产阶级的革命进行回顾的时候，明确指出只有通过各国无产者的共同努力和互相援助，无产阶级的革命才能取得胜利，革命的胜利果实才能得到巩固，而俄国十月革命之所以能够取得胜利并使无产阶级专政得到巩固，正是因为在工农群众和红军保卫祖国的英勇斗争之外，还有来自西欧工人、殖民地国家被压迫人民的帮助，因而十月革命就是世界革命的开端和前提，苏维埃政权也应该成为世界各国无产阶级革命的据点，应该支援和帮助世界各国推翻帝国主义。对此，斯大林指出：“苏联工人阶级是世界工人阶级中的一部分。我们所以胜利了，不仅是由于有苏联工人阶级努力，而且是由于有世界工人阶级拥护，”[4] 强调苏维埃革命的胜利和苏维埃政权的巩固，离不开世界范围内的广大工人阶级的支持，同时对于资本主义各国的无产阶级来说，支持和保卫社会主义苏联的革命成果，学习和利用俄国工人阶级革命斗争的经

---

[1] 参见《列宁选集》(第3卷)，北京：人民出版社2012年版，第490页。

[2] 《斯大林选集》(上卷)，北京：人民出版社1979年版，第225页。

[3] 切斯诺科夫著，杨逸译：《马列主义与爱国主义》，北京：中外出版社1951年版，第68-69页。

[4] 《斯大林选集》(下卷)，北京：人民出版社1979年版，第274页。

验、建设和发展社会主义的经验，是帮助各国无产阶级从本国的资产阶级手中夺取政权，并进而建立真正的人民的社会主义祖国的重要条件。

（三）中国共产党领导人关于爱国主义教育的重要论述

中国共产党作为中国历史上最先进、最忠诚的爱国主义者，历来高度重视爱国主义的精神引领和精神支撑作用，在其百年征程中带领中国人民熔铸了当代中国特色社会主义的爱国主义，丰富和升华了中华民族爱国主义的优良传统，系统阐释了开展爱国主义教育的重要遵循和实践路径。

1. 深刻揭示了中华民族爱国主义的重大价值

爱国主义对国家和民族发展具有不可估量的影响和作用，中国共产党的历届领导人对此进行了深刻的阐释。具体内容包括：

第一，爱国主义是中华民族精神的核心，自古以来都是维护中华民族团结和祖国统一的精神支柱和精神纽带。所谓中华民族的民族精神，指的是中华各民族在漫长的历史演进过程中共同雕刻和沉淀的思想精粹和精神品格，是中华民族赖以生存和发展的土壤和养分，也是中华民族自立于世界民族之林的强硬底气和根本支撑。作为一个多民族国家，我国各民族的起源和发展既呈现出多元多彩的特征，又在长期的社会生产实践中不断熔铸爱国主义的共同价值观，成为贯穿中华民族精神发展的核心和主线，为中华民族多元一体的民族格局的最终形成提供了根本原动力和强大凝聚力。尤其是近代以来，中国人民反帝反封建压迫的浴血斗争，体现了中华民族坚决维护国家独立统一、追求民族自立自强的气概决心和能力，推动中华民族实现了从自在民族向自为民族的精神觉醒。全面抗战时期，面对穷凶极恶的日本侵略者，毛泽东坚定而豪迈地说："我们中华民族有同自己的敌人血战到底的气概，有在自力更生基础上光复旧物的决心，有自立于世界民族之林的能力。"[1] 全体中华民族空前团结、同仇敌忾，彻底地击败了日本侵略者，见证了中华民族爱国主义的淬炼与升华。在党的十六大报告中，江泽民明确指出了爱国主义作为中华民族精神核心的重要地

[1]《毛泽东选集》(第1卷)，北京：人民出版社1991年版，第161页。

位[1]，正是中华民族历久弥新的爱国主义精神，奠定和形成了当代中华民族精神谱系不断丰富和发展的根基和脉络，使中华民族永远以昂扬的精神面貌和精神境界屹立于世界东方。

第二，爱国主义是动员和鼓舞中华民族不懈奋斗的光辉旗帜，是实现中华民族伟大复兴的强大推动力。在历史上，爱国主义作为中华民族共有的精神特质，促进各民族共同开发了祖国的大好河山，推动不同地域、不同语言、不同风俗习惯的各族人民不断增进交往交流交融，共同书写了中华民族五千多年的璀璨历史，共同发展了源远流长的中华文明，使中华文明成为世界上唯一历经千年却始终没有断流的文明，使中华民族无论面临何种困难和挑战，都有敢于拼搏、敢于亮剑、敢于胜利的信心和勇气。中华人民共和国成立前夕，面对以美国为首的西方国家的封锁，毛泽东凛然地说："封锁吧，封锁十年八年，中国的一切问题都解决了。中国人死都不怕，还怕困难吗?"[2] 这种自立自强、顽强奋斗的民族精神，以及由此而激发的躬身践行、为国奋斗的实践品格，便是中国人民最宝贵的国魂。中华人民共和国初期，面对经历百年战乱后国家百业待举的局面，以及帝国主义的军事威胁和经济封锁，在党的坚强领导下经过"三大运动"和"三大改造"，进一步发展了社会主义的爱国主义，使其成为团结和引领全党全国人民顽强奋斗的精神优势和精神旗帜，推动了党和国家社会主义事业的迅速发展。正如胡锦涛指出："爱国主义历来是中国共产党和中国人民团结奋斗的一面旗帜。"[3] 从 1949 年到今天，这面旗帜在中华大地上高高飘扬，激励中国共产党人和中国人民集聚起恢宏磅礴的中国力量，中国经过短短几十年就发展成为仅次于美国的世界第二大经济体，创造了令世人惊叹的中国奇迹。现在，面对实现民族复兴伟业的新时代召唤，唯有爱国主义这一面永不褪色的光辉旗帜，能在最大范围和最深层次上激发全体中华儿女的中国心和强国志，并转化为各族人民同心共

[1] 参见《江泽民选集》(第 3 卷)，北京：人民出版社 2006 年版，第 258 页。

[2] 《毛泽东选集》(第 4 卷)，北京：人民出版社 1991 年版，第 1496 页。

[3] 中共中央党史和文献研究院编：《毛泽东 邓小平 江泽民 胡锦涛关于中国共产党历史论述摘编》，北京：中央文献出版社 2021 年版，第 154 页。

筑中国梦的生动图景。

第三，爱国主义是召唤人民把个人奋斗融入国家发展，努力实现人生价值的强大动力。爱国主义之所以对于人们的行为具有重要的导向作用，是因为在历史发展的过程中，人们早已认识到自己人生价值的实现往往是与民族的命运和国家的兴衰联系在一起的。自古以来，中国人民不仅有着“先天下之忧而忧”的社会责任感，也有着在国家和民族遭遇危机之时“与其忍辱生，毋宁报国死”的决心和气魄。可以说，为国家和民族贡献和牺牲一切，是中华民族融入血脉的最高美德，这种个人利益服从民族和国家利益，把个人命运与国家命运紧紧相连，把维护和实现国家利益作为最高价值导向的爱国意识和爱国行为，历来都是中华民族优良传统的重要组成部分，受到世人的尊敬和历史的铭记。这种思想、精神和意识，不仅是促使我们将个人奋斗融入国家发展的强大动力，同时也是爱国主义能够把各族人民团结起来、共同为国家发展不懈奋斗的强大动员力和向心力。正如江泽民所指出：“只有为国家、为社会、为民族、为集体的利益奋不顾身地工作着，毫无保留地贡献出自己的聪明才智，这样的人生才有真正的意义，才是光荣的人生、闪光的人生。”[1] 历史和现实告诉我们，凡是有为之士，无一不是忠诚、无私的爱国奉献者，正是由于对国家和民族的热爱，他们才能树立为中华之崛起而奋斗的远大理想，才能以鲜血和牺牲铸就中华民族压不弯的脊梁，才能把所有的智慧和力量毫无保留地贡献给祖国和人民。

2. 科学阐释了加强爱国主义教育的根本遵循

中国共产党一直把开展爱国主义教育作为弘扬爱国主义精神的必然要求和根本途径，并在实践中不断总结和提炼爱国主义教育的内在规律，为科学开展当代中国爱国主义教育提供了根本遵循。

第一，把维护民族团结和国家统一作为根本着眼点。无论爱国主义精神在各个不同历史阶段呈现何种内涵，捍卫国家统一和民族团结，始终是中华民族爱国主义精神不变之魂。从夏商周的奴隶时代开始，围绕促进邦国富强和同胞幸福，追求更和平安宁的生活环境，建立“大一统”的多民

---

[1] 《江泽民文选》(第1卷)，北京：人民出版社2006年版，第343页。

族国家的共同愿望，以骨肉爱、乡土爱和民族爱为主要表现形式的爱国主义就已经开始萌芽，极大地促进了中华各民族的发展和融合。而自秦代“大一统”的多民族国家形成之后，尽管也曾出现过封建割据和不同民族政权并存的时期，但团结统一历来是我国历史发展的基本趋势，各族人民始终心向祖国，为祖国的和平统一进行了长期的奋斗。1840 年鸦片战争以来，积贫积弱的近代中国，成为几乎世界上所有的帝国主义国家觊觎、欺辱、侵略的对象。在反抗侵略的共同的爱国斗争中，中华各民族之间的向心力和凝聚力进一步发展，中华民族的民族意识和国家意识空前发展。在中华大地上生存和发展的各族人民深刻认识到，只有中华民族团结一心，才能摆脱亡国灭种的危机。毛泽东指出，“国家的统一，人民的团结，国内各民族的团结，这是我们的事业必定要胜利的基本保证。”[1] 中国共产党成立百年来，正是始终以此为着眼点，把维护民族平等和民族团结作为制定民族政策的根本出发点，着力构建平等、团结、和谐的民族关系，推动各民族共同发展共同繁荣，使中华民族共同体意识深入人心，使实现祖国完全统一成为每一名爱国者的共同追求。但是直至今日，西方敌对势力始终没有放弃利用民族问题和安全问题阻碍中国发展，通过积极扶持民族分裂势力，频频炮制民族、宗教和人权话题，妄图破坏中国的民族团结，阻碍中华民族伟大复兴。面对这种形势，必须以爱国主义教育培育各民族人民正确的国家观和民族观，夯实中华民族命运共同体意识，让爱国主义在各民族同胞心中牢牢扎根，不断巩固和提高“五个认同”，筑牢维护民族团结和实现祖国统一的思想根基。

第二，把“爱国、爱党、爱社会主义高度统一”作为本质要求。党的历代领导人多次强调，中国人民必须要在实践中坚持爱祖国与爱中国共产党、爱社会主义制度三位一体，爱国主义教育也要以此为根本要求。对于这个问题，邓小平曾经指出：“有人说不爱社会主义不等于不爱国。难道祖国是抽象的吗？不爱共产党领导的社会主义的中华人民共和国，爱什么呢？”[2] 作为一个历史范畴，爱国主义在其历史演进的过程中历来都是与

---

[1] 《毛泽东著作选读》（下册），北京：人民出版社，1987 年，第 757 页。

[2] 《邓小平文选》（第 2 卷），北京：人民出版社 1994 年版，第 391-392 页。

国家政治制度紧密联系在一起的。无论古今中外哪个国家，爱国主义都包含了对国家的政治认同的重要内容，是维护国家安全和社会稳定的重要意识形态力量。而当代中国的历史和现实反复昭示，坚持爱国、爱党和爱社会主义的三位一体，是一百多年前命运颠沛的中国人的正确抉择。如果中国人民没有坚定地跟着中国共产党走社会主义道路，奋力建设社会主义中国，就不可能从根本上扭转自身的前途命运，实现建成今日强大中国的历史飞跃。历史和现实告诉我们，任何空心化、虚无化、民粹化爱国主义的言论，都是根本站不住脚和别有用心的，必须予以高度警惕和坚决抵制。在中国特色社会主义新时代，爱国也是具体的、现实的，那就是要热爱党并坚定地跟着党走社会主义道路，通过不懈奋斗早日把我们国家建设成社会主义现代化强国。

第三，把实现中华民族伟大复兴的中国梦作为鲜明主题。回顾百年历史，中国共产党在爱国主义的感召下探索和发展中国特色社会主义的整个发展历程，就是带领中国人民追求民族复兴的光辉历程。党的十八大以来，习近平总书记反复强调，“实现中华民族伟大复兴的中国梦，是当代中国爱国主义的鲜明主题”[1]，这个梦想，将国家利益、民族利益和人民利益紧密相连，代表着全体中华儿女的共同利益和倾心期盼，深刻揭示了当代中国的发展走向和全党全国人民的奋斗目标，形成了团结中华民族爱国奋斗的最大同心圆。这个主题，既能与爱国主义共生互动，为确立不同时期爱国主义教育的具体教育提供依据，又为爱国主义的主体及其活动明确价值指向，从而使爱国主义教育真正能够发挥为民族复兴中国梦凝聚力量的实际效果。

第四，把提高中国人民的民族自信心、自尊心和自豪感作为重要任务，这是弘扬爱国主义精神的集中反映和必然要求，是民族道德观念和思想品质中最昂扬向上、最催人奋进的内在动力和积极因素。中华民族历经几千年的沧桑变化，至今仍保持着一个伟大民族的生机和活力。我们的民族意识正是在这五千年的历史中凝结而成，中华民族的民族自信心、自尊

---

[1] 习近平：《在第十二届全国人民代表大会第一次会议上的讲话》，《人民日报》2013 年 3 月 18 日。

心和自豪感正是这样一种强烈而深刻的民族意识。毛泽东说："我们这样的国家，可以而且应该用'伟大的'这几个字"[1]。无论经受多少磨难，中华民族也没有失去自强不息、艰苦奋斗的民族精神，反而更加激发了苦干实干、强国报国的意志品质，实现了一个伟大民族的涅槃重生。经过百年奋斗征程，中国共产党带领全党全国人民建成了全面小康社会，实现了第一个百年奋斗目标，全国人民正意气风发地向着建设社会主义现代化强国的目标迈进。然而，前进的道路不是一帆风顺的，我们不仅站在新的发展台阶上，也面临着前所未有的困难与挑战。新时代弘扬爱国主义精神，必须引导全国人民尤其是青年一代增强斗争意识，练就斗争本领，充分发扬自尊自信自强之国格，做有志气有骨气有底气的中国人。

第五，把既立足民族又面向世界作为重要着眼点。中华民族的先辈们自古就有"天下一家""协和万邦"的大同情怀，体现了中华民族美人之美、美美与共的文化底蕴、宏大格局和道德气度，使中华民族形成了兼具开放性和包容性的爱国主义精神，中国共产党人继承和发扬了这种既立足民族又面向世界的爱国观、天下观、发展观。在革命时期，中国共产党一方面领导人民进行无产阶级革命斗争，与世界各国无产阶级政党遥相呼应，一方面又致力于反对外来侵略的民族解放战争。中华人民共和国成立以后，在进行本国社会主义革命和社会主义建设的同时，又采取抗美援朝等国际主义行动，并从人力物力上支持第三世界各国的独立和建设，以实际行动践行了爱国主义与国际主义相统一的原则。改革开放初期，由于国家发展现状与西方国家的现实差距，我们也曾面临如何在站稳民族立场的同时更快向世界学习、与世界接轨的重大课题，面临如何解决民族传统文化与外来文化关系的重大课题，党和国家坚持弘扬开放和包容的爱国主义精神，一方面坚持从我国国情出发，以"一个中心、两个基本点"为根本原则，增强全民族的自主意识和民族文化心理素质，另一方面坚持扩大对外开放，推动中国特色社会主义建设事业取得了令世界瞩目的发展成就。党的十八大以来，面对国际格局的重大变化和国际交往的日益深化，以习近平同志为核心的党中央准确把握世界发展大势，深刻剖析民族国家利益

[1] 《毛泽东文集》(第2卷)，北京：人民出版社1993年版，第113页。

与人类世界整体利益的辩证关系，坚持立足中国立场又拓展世界眼光，坚持“把弘扬爱国主义精神与扩大对外开放结合起来”[1]。依循这一根本原则，人类命运共同体理念，积极推进“一带一路”建设、积极参与全球治理、积极参与全球抗疫合作等思想和实践，既为我国发展争取了与其他国家合作共赢的广阔空间，又为解决世界发展难题提供了中国方案，也为世界各国人民共同发展进步贡献了中国力量，在全世界面前展现了负责任大国、社会主义大国的中国形象。

3. *系统阐发了加强爱国主义教育的实践路径*

在中国革命、建设和改革开放的进程中，党的历届领导人系统阐发了加强爱国主义教育的实践路径，致力于推动爱国主义教育实现既定目标、取得最佳效果。

第一，必须把爱国主义教育作为永恒主题。在社会主义革命、建设和改革的过程中，党的历届领导集体通过广泛深入持久地开展爱国主义教育，培养全体人民的爱国主义精神，使中国人民的爱国思想意识、对党和国家的政治认同和自强奋进的精神境界得到了极大的提升，并推动中国特色社会主义事业迈上了一个又一个新的台阶。毛泽东本人不仅是最忠诚、最无私的爱国主义者，并且是当代中国特色社会主义的爱国主义的开创者和践行者，他强调：“爱国主义的具体内容，看在什么样的历史条件之下来决定。”[2] 不仅科学辩证地指出了爱国主义的历史性和开放性，同时高度注重以中国的实际国情以及革命的具体实践为分析中国社会性质、明确社会主要矛盾、制定路线方针策略提供全面而客观的依据，推动了中国革命和建设的顺利发展，对中国共产党领导人民取得革命战争的最终胜利发挥了不可磨灭的作用。改革开放以来，从邓小平一直到习近平的党的历届领导人反复强调加强爱国主义教育是社会主义精神文明建设的基础工程，是提升国家文化软实力的内在要求，要把爱国主义教育作为贯穿社会主义现代化建设的不变主题。

---

[1] 习近平：《大力弘扬伟大爱国主义精神 为实现中国梦提供精神支柱》，《人民日报》2015 年 12 月 31 日。

[2] 《毛泽东选集》（第 2 卷），北京：人民出版社 1991 年版，第 520 页。

第二，必须要求共产党员发扬爱国主义的最高风范。江泽民同志指出："中国共产党的爱国主义，是中华民族、中国人民爱国主义的最高风范。"[1] 在一百多年的光辉历程中，在党的领导下国家各项事业取得了历史性飞跃，人民生活发生了历史性巨变，我们正大踏步走在实现中华民族伟大复兴的正确道路上。这样的党，是伟大光荣正确的党，是把中华民族伟大爱国传统发扬光大、推向前进的党，是值得中国人民衷心爱戴和坚定拥护的党。开展爱国主义教育，就要始终注重以中国共产党人的爱国主义精神和爱国奋斗事迹为榜样，指引我们前进的方向。同时，必然要求共产党人继承优良传统、以身作则、率先垂范。在中国革命即将取得胜利之时，毛泽东就勉励大家胜利后也必须永远保持艰苦奋斗的优良作风[2]，激励全体共产党员保持初心，为新时期国家的发展和民族振兴多做贡献。今天，站在新的历史征程上，要把党建设成为始终走在时代前列、赢得人民衷心拥护、确保民族复兴事业必定胜利的坚强领导力量，必须要求每一名党员牢记习近平总书记提出的"打铁必须自身硬，办好中国的事情，关键在党，关键在党要管党、全面从严治党"[3] 的根本要求，加强党的自我革命，永葆党的先进性和纯洁性，使党员的先锋模范作用体现在党和人民需要的每一个角落。

第三，必须把青少年作为重要对象。胡锦涛曾经指出："一个有远见的政党，总是把青年看作推动历史发展和社会前进的重要力量"[4]，青少年如初升的旭日，代表着国家的未来和民族的希望，中国共产党高度重视激发青少年的爱国主义情感，为社会主义事业培养源源不断的有生力量。一百多年前的五四运动、一二·九运动等伟大的爱国主义运动中，一批批爱国青年挺身而出，高呼"国土不可断送，人民不可低头"，奏响了爱国主义的壮歌，点燃了爱国救亡的民族希望。从那时起，中国共产党始终把青少年爱国主义教育摆在突出位置，以加强党的自身建设和对爱国主义的

---

[1] 《江泽民文选》（第1卷），北京：人民出版社2006年版，第581页。

[2] 参见《毛泽东选集》（第4卷），北京：人民出版社1991年版，第1438-1439页。

[3] 《中共中央关于党的百年奋斗重大成就和历史经验的决议》，《人民日报》2021年11月17日。

[4] 《胡锦涛文选》（第1卷），北京：人民出版社2016年版，第327页。

躬身践行，把一代代青少年紧紧地团结在党中央的周围。今天，在夺取新时代中国特色社会主义事业更大胜利的新征程中，更加要继承和发扬党重视青年赢得青年的优良传统，引导青少年厚植爱国情、培养中国心、砥砺强国志、落实报国行，在“一棒一棒跑下去”的接续奋斗中早日实现中华民族伟大复兴。

第四，必须加强中华民族的历史和文化教育。历史和文化是一个国家最深沉的精神之源和精神命脉，也是爱国主义教育的源头活水。文化认同既是国家认同的重要组成部分，也是增强文化自信和国家认同，并由此培育深厚爱国情感的起点和灵魂。正如习近平总书记指出：“优秀传统文化是一个国家、一个民族传承和发展的根本，如果丢掉了，就割断了精神命脉。”[1] 只有不断引导人们增强对中华民族的历史和文化，对过去、现状和未来的感受和理解，才能使之产生真挚的民族情感和爱国情感。因此，要以建党一百周年和党的二十大胜利召开为关键契机，结合近代以来中国人民爱国主义的斗争史，在全社会深入、持久、广泛地开展“五史”教育，引导人们了解党带领人民谋解放的艰辛历史，树立和坚持马克思主义的唯物史观，深入了解中国共产党筚路蓝缕创业、为国为民牺牲，矢志兴国强国的光辉业绩，激发全体人民对中国共产党的情感认同和政治认同。同时，要加强中华优秀传统文化、社会主义先进文化和革命文化的教育，引导人们增强对中华五千年文明的自豪感和文化自觉，促进中华优秀传统文化创新发展、代代相传，为国家和社会发展注入不竭的民族智慧和精神养分。

第五，必须坚持在全社会弘扬爱国主义的主旋律。只有使人们在社会生活的各个领域都受到爱国主义思想的感染和熏陶，才能使爱国主义潜移默化作每个人心底的坚定信念和一生的高尚情操，从而“努力寻求最大公约数、画出最大同心圆，形成海内外全体中华儿女心往一处想、劲往一处使的生动局面，汇聚起实现民族复兴的磅礴力量。”[2] 中华人民共和国的

[1] 习近平：《在纪念孔子诞辰2565周年国际学术研讨会暨国际儒学联合会第五届会员大会开幕会上的讲话》，《人民日报》2014年9月25日。

[2] 《习近平在庆祝中国共产党成立一百周年大会上的讲话》，《人民日报》2021年7月2日。

成立，是近代以来苦难深重的中国人民第一次获得彻底的民族解放和国家独立，党把握全国人民爱国热情高涨的有利时机，围绕党和国家中心任务和社会实践发展的客观需要，在全国范围内推动抗美援朝爱国运动、爱国增产运动、爱国卫生运动等社会性的爱国运动轰轰烈烈地开展，因而尽管面对严峻的国际国内形势，以及百废待举、百业待兴的困难局面，在爱国主义的精神旗帜激励下党领导全国人民不仅巩固了新生的人民政权，维护了国家主权和安全，还成功实现了从新民主主义到社会主义的伟大历史转变，开启了全面建设社会主义的新阶段。在建设时期，全国各条战线先后涌现了大批的先进个人和先进集体，党和国家在全国广泛地宣传他们的先进事迹，号召全体党员和全国人民向他们学习，发扬爱国主义和共产主义精神，雷锋、焦裕禄、“铁人”王进喜、“南京路上好八连”等先进个人和集体的模范事迹，表现了忠于和热爱祖国、忠于和热爱共产党领导的社会主义事业的原则立场，全心全意为人民服务和无私奉献的精神境界，不仅唤醒了亿万中国人民群众的自主自强意识，也坚定了广大人民群众的社会主义共同理想和共产主义远大理想，至今仍对中国人民的爱国观、人生观、价值观产生着深远的影响。改革开放之初，对外交往活动中出现了一些有辱国格、人民人格的现象。邓小平语重心长地强调，一定要采取有效措施搞好社会风气，捍卫国家荣誉和民族尊严，培育人民的高度的自尊自信和爱国主义精神，指出必须深入批判民族虚无主义和历史虚无主义，确保人们坚持正确的政治方向。党的十八大以来，国家综合实力和文化软实力不断增强，党和国家多次以重大节日、重大纪念日和重大事件发生的契机，生动展现全党全国各族人民接续奋斗、齐心奋斗的生动爱国实践，推动社会主义精神文明建设和社会整体文明程度达到新的高度，爱国主义教育也迈入制度化、多样化、创新性发展的新阶段，中华民族爱国主义的旗帜高扬在世界东方。

第二章　大学生爱国主义教育的历史演进（中华人民共和国成立至党的十七大）

中华人民共和国成立以来，中国共产党继承和发扬中华民族优良的爱国主义传统，以实现国家富强、民族振兴、人民幸福为目标指向，始终将大学生看作是国家的未来，民族的希望，始终将大学生爱国主义教育作为团结引领大学生的铸魂工程，作为引领青年群体弘扬社会主义的爱国主义精神的重要主题，为社会主义革命、建设和改革开放事业培养了一批批有生力量。为此，本章以党领导大学生爱国主义教育的重大事件、重大会议或重大纲领为标志，将中华人民共和国成立至党的十七大期间大学生爱国主义教育的历史进程划分为探索发展、开拓发展、蓬勃发展三个阶段。而党的十八大以来的大学生爱国主义教育则将在下一章进行专门研究，以凸显党的十八大以来大学生爱国主义教育的创新发展。

一、探索发展阶段（1949.10—1978.11）

1949年10月1日中华人民共和国的成立，标志着中国共产党领导的新民主主义革命获得了全国性胜利，中国共产党成为国家的执政党，国家政权性质和社会性质都发生了根本性变化，中国人民终于真正成为自己国家的主人。中国共产党在领导全党和全国人民探索中国特色社会主义建设道路过程中，继承和发扬了革命战争时期高度重视青年爱国主义教育的优良传统，结合中华人民共和国的具体国情和社会主义发展的进程，创造性地开展了社会主义条件下大学生爱国主义教育的实践探索。

(一) 中华人民共和国的成立为大学生爱国主义教育明确历史任务

中华人民共和国的成立标志着中国共产党开展新民主主义、社会主义的大学生爱国主义教育实践有了现实的制度保障，开启了党在全国范围内开展大学生爱国主义教育的探索发展阶段。中华人民共和国成立前夕召开的中国人民政治协商会议第一届全体会议通过了《中国人民政治协商会议共同纲领》(以下简称《共同纲领》)，提出为适应国家革命和建设工作，要“给青年知识分子和旧知识分子以革命的政治教育”[1]。1950 年 6 月召开的中华人民共和国第一届全国高等教育会议指出，为了要巩固新生的人民民主专政，胜利地进行新民主主义建设，并实现向社会主义的顺利发展，要对大学生加强革命的爱国主义的教育，要紧密结合党和国家中心任务，发扬理论与实际相一致的学风，肃清封建的、买办的、法西斯的思想残余，引导师生团结起来，为保卫祖国、建设中华人民共和国服务。[2] 这些新规定和新要求，为大学生爱国主义教育明确了具体的目标和任务，引领其逐步从新民主主义的爱国主义教育，探索发展为社会主义的爱国主义教育，为中华人民共和国大学生爱国主义教育始终坚持爱国、爱党和爱社会主义相统一树立了良好的开端。

1. 凝聚青年大学生的现实政治力量，巩固新生的人民民主政权

中华人民共和国的成立彻底改变了旧中国半殖民地半封建的社会性质，但新生的人民政权在错综复杂的国内外形势下依旧面临极大的现实困境。在国内仍有西藏、台湾等地区尚未解放；在国际上面临美苏两种力量泾渭分明的抗争格局，美帝国主义不仅在经济和政治上对中华人民共和国进行封锁，还悍然发动朝鲜战争，公然出兵台湾海峡，对中华人民共和国形成军事上的威胁。维护来之不易的国家独立和国家安全，夯实和巩固新

[1] 李辽宁等主编：《中国共产党思想政治教育史料选编》，武汉：武汉大学出版社 2009 年版，第 179 页。

[2] 参见钱俊瑞：《团结一致、为贯彻新高等教育的方针，培养国家高级建设人才而奋斗——一九五〇年六月九日在全国高等教育会议上的结论》，《人民教育》，1950 年第 1 期，第 8-14 页。

生的国家政权成为党和国家的当务之急。1951 年元旦，为了引导全体人民正确认识新生的祖国和正确地爱国，《人民日报》发表了题为《在爱国主义旗帜下巩固我们的伟大祖国》的社论，指出“这个新生的祖国，实行了新民主主义的政治制度和社会制度，保护各民族各阶级人民的利益，反对帝国主义、官僚资本主义，这是中国人民长期地进行英勇奋斗、流血牺牲所得到的成果。我们爱祖国，就是爱人民革命的果实，爱新民主主义的政治制度和社会制度。”[1] 在这里，明确指出中华人民共和国的爱国主义，就是爱中华人民共和国和爱新的社会制度的统一，并号召全体人民以实际行动保卫处于严峻的国内外形势包围之中的中华人民共和国。对于大学生群体而言，他们“作为人民群众中最年轻、最具活力和具有社会影响力的青年知识群体”[2]，更加迫切需要以新民主主义、社会主义的爱国主义教育破除旧社会封建、买办、法西斯思想，以及美帝国主义文化侵略对他们产生的不良影响，帮助他们尽快树立起符合党和国家发展要求的新的爱国主义思想，为刚刚取得执政党地位的中国共产党凝聚来自大学生群体的现实政治力量，发挥他们在人民群众中的带动影响作用，巩固来之不易的人民民主政权和国家主权。

2. 胜利地进行新民主主义建设，并保证新民主主义向社会主义的顺利发展

中华人民共和国成立时，国家各方面物质条件极其匮乏，农业生产不仅依然停留在手工耕作水平，而且大面积陷入停滞；工业同样也基本处于手工发展的状况，而且由于资金和物资严重匮乏，不仅产品种类稀少，大批民族资本甚至到了连简单生产都无法维持的地步；交通运输业基础也极其薄弱，商业和金融市场极度混乱，通货膨胀、物价高涨，人民生活十分困苦。中国共产党作为执政党，必须把经济建设、改善民生作为首要任务，党的一切工作必须立足于切实推动社会生产力的发展和人民群众生活水平的提高上。因此，党和国家亟须发展“民族的、科学的、大众的”文化教育事业，培养忠

[1] 浙江军区第七兵团政治部编：《论爱国主义与爱国主义教育（宣教工作文件第一辑）》，杭州：浙江省军区第七兵团政治部 1951 年印，第 66 页。

[2] 董娅主编：《中国共产党加强和改进大学生思想政治教育研究》，北京：人民出版社 2016 年版，第 37 页。

于党和人民、热爱中华人民共和国、能够胜任新民主主义建设广泛需要的新型人才。中华人民共和国成立之前，大学生群体不仅整体数量少，而且其中绝大部分是封建地主或资产阶级的子弟，来自工人、农民、城市贫民家庭的学生可谓是凤毛麟角，包括高等教育在内的国民教育水平十分低下，远远不能适应中华人民共和国成立后社会主义建设对于人才的需要。为了改变这种现状，党和国家提出在团结改造原有知识分子，引导他们向社会主义转变的同时，要有计划有步骤地培养工农知识分子，提高广大人民群众受教育的水平。为了落实第一届全国高等教育会议对中华人民共和国高等教育人才培养任务的全新要求，中央教育部在随后下发的《高等学校暂行规程》明确指出，高等学校的宗旨是培养全心全意为人民服务的高级建设人才[1]。“全心全意为人民服务”不仅是中国共产党的宗旨，也是社会主义建设所需人才必须具备的思想素质，这就要求大学生爱国主义教育必须彻底肃清封建的、买办的、法西斯的思想残余，把引导大学生正确理解社会主义爱国主义的内涵和要求作为基本前提，通过引导大学生正确认识中华人民共和国的国家制度，正确认识中国共产党的政党性质，正确认识当时国家贫穷落后的客观现实，把爱国主义思想和集体主义、社会主义思想统一起来，在实践中发扬艰苦奋斗、勤俭节约的精神，充分调动建设新民主主义的思想动力，为胜利过渡到社会主义做好准备。1953 年 9 月 25 日，党通过《人民日报》正式向全国人民公布了过渡时期总路线，强调要加强党的领导，引导全国人民提高认识、肃清思想障碍，为实现党在过渡时期的总路线而奋斗。由此，大学生爱国主义教育的核心任务之一，就是以对学生宣传国家过渡时期总路线为主要内容，以提高学生的社会主义政治觉悟为主要目标，促进社会主义改造顺利完成进而建立社会主义制度统一思想。

3. 培养“又红又专”的社会主义事业建设者和接班人，为社会主义建设事业服务

1956 年社会主义制度确立以后，为了正确对待和解决人民内部的矛盾，引导知识分子和青年学生为艰巨的社会主义事业服务，1957 年 2 月，

[1] 参见范跃进编：《中华人民共和国成立以来高等教育元政策（1949—2016）》，北京：中国社会科学出版社 2017 年版，第 397 页。

毛泽东在最高国务会议第十一次（扩大）会议上提出，党和国家的教育方针是“使受教育者在德育、智育、体育几方面都得到发展，成为有社会主义觉悟的有文化的劳动者”[1]。这就为大学生爱国主义教育明确了新的任务，即必须引导大学生热爱和关心国家和民族的前途，培养他们正确的政治观念和爱国情怀，使他们树立社会主义的爱国观和共产主义的世界观，正确认识社会主义建设任务的艰巨性和长期性，奋力建设和创造出一个富强的社会主义中华人民共和国。1958 年 1 月，毛泽东再次强调：“政治和经济的统一，政治和技术的统一，这是毫无疑义的，年年如此，永远如此。这就是又红又专。”[2] 明确指出社会主义建设所需要的人才，必须既具有良好的思想政治素质，又具有过硬的专业知识和业务能力，提倡又红又专的人才培养目标和发展方向。思想政治工作者和教育者们以毛泽东提出的工作方针为遵循，正确认识围绕党的中心任务进行大学生爱国主义教育的重要性，从保证社会主义建设事业的性质和方向的高度来教育引导大学生，引导他们在努力学习科学文化知识的同时，更要增强走社会主义道路的自觉性，把以爱国主义为核心的思想政治素质作为指引自己努力成才的灵魂和统领。1961 年 9 月中共中央批准颁发的《中华人民共和国教育部直属高等学校暂行工作条例（草案）》（简称《高教六十条》）再次强调了高校认真搞好思想政治工作的重要性，并指出“在政治方面，首先要求学生具有爱国主义和国际主义精神，愿为社会主义、共产主义事业奋斗。这是最基本的政治立场”[3]。再次强调“红”的首要表现，就是强调爱国主义精神，从而使大学生爱国主义教育在高校思想政治工作中的核心地位得到了进一步保障和加强。

（二）落实“教育为人民服务”思想，为大学生爱国主义教育创设前提

这一时期，党和国家通过改造旧大学、对知识分子进行思想改造、大

---

[1] 毛泽东：《关于正确处理人民内部矛盾的问题》，人民出版社 1957 年版，第 23 页。

[2] 《毛泽东文集》（第 7 卷），北京：人民出版社 1999 年版，第 351 页。

[3] 中央档案馆，中共中央文献研究室编：《中共中央文件选集（1949 年 10 月—1966 年 5 月）》（第 38 册），北京：人民出版社 2013 年版，第 42 页。

力培养政治理论课师资、建立新的思想政治教育体系等一系列措施，促进了中华人民共和国高等教育的快速发展，也为大学生爱国主义教育创设了根本前提。

1. 建设社会主义新型高校，落实社会主义的教育方针

中华人民共和国初期我国高等教育的总体规模、区域布局、教学设施、专业和课程设置，包括师生的传统价值观念和思想觉悟等都与中华人民共和国建设的要求不相适应。为适应和推进政治变革和经济建设，党领导了对社会文化事业有步骤的改革，从国民党手中稳妥地接收旧高校并对其进行彻底的改造，实行国家对学校的领导，废除反动的法西斯的政治教育，积极借鉴苏联学校教育的经验，把爱国主义教育作为思想政治工作的有力抓手。同时积极创办社会主义新型大学，对全国高等学校进行院系调整、学制改革、课程改革、大幅度扩大招生、大力发展工科学校等重大改革，确定了“向工农开门，培养工农出身的新型知识分子”[1] 的教育指导思想，有力地推动了中华人民共和国高等教育事业的发展，以满足国家工业化建设和国民经济发展对专业人才的急迫需要，也为大学生爱国主义教育的顺利开展搭建了重要阵地。

2. 培养社会主义的思想理论课师资队伍

对高校的知识分子进行思想改造，彻底肃清旧社会旧思想的影响和残余，是推动实现高校的社会主义改革和发展的重要条件，也是确保包括大学生爱国主义教育在内的思想政治工作能够顺利开展的重要基础。中华人民共和国成立伊始，党就开始以从点到面、循序渐进的方式推动全国知识分子的思想改造学习运动，引领广大知识分子系统地学习马克思主义的基本理论，着力肃清旧社会旧思想的影响，使他们的观点和立场逐渐符合社会主义意识形态的要求，树立起新的爱国主义思想和政治觉悟，“组成了一支为社会主义服务的队伍”[2]。在对全体知识分子进行思想改造和整体队伍建设的同时，针对当时各个高校普遍缺乏政治理论课师资，尤其是部

[1] 李辽宁等主编：《中国共产党思想政治教育史料选编》，武汉：武汉大学出版社 2009 年版，第 183 页。

[2] 中央档案馆，中共中央文献研究室编：《中共中央文件选集（1949 年 10 月—1966 年 5 月）》（第 24 册），北京：人民出版社 2013 年版，第 55 页。

分教师自身的政治理论水平不高，政治理论课的教学效果不佳等现状，党和国家采取了多种措施加强政治理论课师资队伍的培养和建设。党中央要求各级党委要高度重视高校政治理论师资的培养和学校政治教育的领导工作，并指出如果没有合适的担任政治课教员的人选，就应由省市地委的同志来负责担任，要求各级党委的宣传部长或副部长要亲自领导学校的政治教育工作，表明了对政治课师资的高度重视。教育部根据党中央指示，一方面指导各个高校通过举办夜大、假期补习班、短期进修班、学习苏联的教育教学经验、开展各项政治学习、组织教师参加民主运动等方式巩固和扩大思想改造的成果，不断地提高政治理论课教师的马列主义理论水平和教学水平；另一方面有计划地增加文科招生名额，创设马克思列宁主义研究班、选拔优秀学生担任助理或助教等方式积极培养新的师资力量，使高校政治理论课师资紧缺、政治理论水平不高、教学水平不高等问题得到了很大程度上的解决。

3. 初步形成全新的高校思想政治工作体系

中华人民共和国成立初期，党根据《共同纲领》关于文化教育政策的有关规定，彻底取缔了过去国民党在各级学校设置的反动政治组织，废除了国民党实行的反动训导制度和反动政治课程，逐步形成了学校党委领导，校长负责，党的政治理论课为基础，政工组织、团组织、工会组织和学生会联动配合的思想政治教育工作体系。一方面，基本框定了中华人民共和国高校思想政治教育体系的基本格局。1952 年 9 月 2 日，中共中央转发教育部党组《关于在高等学校实行政治工作制度的报告》，要求尽快在高校建立全新的政治工作制度，并提出了成立在校长领导下的政治辅导处，根据学生比例配备政治辅导员等具体要求。教育部和各级党委根据中央要求加强对学校政治思想教育的领导，通过向高校选派校长、建立学校党委、调整或配齐学校政治工作领导骨干等，逐步在校内设立政治工作机构，同时建立了教育工会组织、青年团组织和学生会，全面增强高校政治工作的力量保障。另一方面，逐步建立起以马克思主义思想为指导的政治理论课体系。中华人民共和国成立初期，教育部的有关指示、决定和通知从师资力量、课程设置、学时安排、教学方法甚至成绩评定等各方面对高校政治理论课进行了明确的规定，并根据实际情况对相关内容进行了多次调整。至1956年社会主义制度建立，已经形成了比较完善的高校政治理论课体系。1961中共中央批准颁发的《高教六十条》，对高校思想政治工作的领导体制、主要任务、具体要求、工作方法等都作出了十分明确的规定，对高等学校思想政治工作的制度化建设起到了重要的推动作用。

(三) 初步探索了社会主义制度下大学生爱国主义教育的基本途径

党和国家改造和促进高等教育及思想政治教育工作的一系列政策和措施，使大学生爱国主义教育获得了前所未有的政治支撑和现实发展空间，围绕肃清封建的、买办的、法西斯的反动思想的根本任务，大学生爱国主义教育成为了高校思想政治工作的重中之重，并积极探索了社会主义制度下大学生爱国主义教育的基本途径。

1. 探索了大学生社会主义爱国主义教育的基本内容

第一，以马克思主义和毛泽东思想为指导，开展从新民主主义到社会主义的爱国主义教育，引导大学生树立新的爱国思想。中国特色社会主义的爱国主义，是中华人民共和国向前发展的伟大动力，是包括青年大学生在内的全国人民必须具备的思想。因此，在社会主义改造完成以前，大学生爱国主义教育通过“新民主主义论”等课程向大学生进行新民主主义教育，使大学生正确看待新民主主义与社会主义的区别，同时向大学生宣传社会主义是中国人民的共同政治信念和奋斗目标，培育大学生集体主义的革命人生观，为以生产资料公有制为基础的社会主义制度的确立扫清思想障碍，1956年社会主义制度建立以后，则通过“社会主义教育”等课程引导大学生了解社会主义制度的优越性，了解社会主义建设的总路线，充分认识建立社会主义制度的历史渊源和广阔前景，开始逐步树立“爱国就要爱党、爱人民、爱社会主义”的爱国主义思想，引领他们积极为社会主义建设贡献力量。

第二，开展以爱国主义为核心的思想道德教育，引导大学生遵守社会主义、集体主义和共产主义的道德规范。共青团中央提出要通过共产主义道德教育培养青年的工人阶级立场和思想，“成为对敌人无限憎恨、对劳动人民和共产党无限忠诚和热爱的战士”[1]。高校团组织广泛地组织开展共产主义道德教育，从正面加强大学生以热爱人民热爱党为核心的爱国主义道德教育，通过采取加强共青团对青年的团结教育引领，揭发青年中败坏道德的典型事例，并发表相关的社论和组织讨论，引领青年大学生“时刻关心天下大事，关心国家建设，关心人民苦乐”[2]；同时通过树立生动的道德榜样，加强宪法和其他法律法规的普及教育，开展多种多样的有益于大学生身心健康的文艺、体育活动等，寓爱国主义的道德教育和社会主义教育于日常教育之中，使大学生的阶级觉悟和以爱国主义精神为核心的道德品质有了很大的提高。

第三，开展中国共产党的历史教育。党历来注重以中华五千年的悠久历史和近代以来的苦难史，尤其是以中国共产党带领全国人民谋解放的革命史来教育大学生，激励大学生越是在国家面临极其艰苦的物质环境下，越是要学习和继承无产阶级革命精神及其艰苦奋斗的价值观，使大学生把对党和国家的无限热爱转换为建设祖国的强大精神力量。例如“中共党史”以党的历史为线索，以党内两条路线斗争为中心，结合引导大学生学习毛主席著作，使他们初步领会以毛泽东同志为代表的中国共产党人如何克服千难万险，最终带领全国人民取得了新民主主义革命的彻底胜利，使他们深刻了解革命先辈和中国人民为中华人民共和国的成立付出的巨大牺牲，深刻认识到中国共产党是光荣的、伟大的、正确的，使大学生更加热爱党，热爱毛主席，热爱伟大的中国人民。

第四，开展现实国情教育。党继承革命战争时期高度重视形势任务教育的传统，结合抗美援朝运动和土地改革等政治运动对大学生进行国情教育和形势政策的教育，广泛地进行过渡时期总路线的宣传，对总路线的内容实质和现实要求进行全面阐释。毛泽东、刘少奇、周恩来等中央领导人多次亲自向全国人民、知识分子、青年学生等做形势与政策方面的报告和讲话，为实现党和国家新的奋斗目标统一思想、明确目标、鼓舞干劲起到

---

[1] 中央档案馆，中共中央文献研究室编：《中共中央文件选集（1949年10月—1966年5月）》（第14册），北京：人民出版社2013年版，第321页。

[2] 李德芳、李辽宁、杨素稳主编：《中国共产党思想政治教育史料选编》，武汉：武汉大学出版2009年版，第239页。

了非常显著的效果。总之，中华人民共和国的大学生爱国主义教育，从一开始就十分注重从中国革命和建设的实践出发来对青年大学生进行爱国主义的理论阐释，向他们讲清楚当代中国爱国主义的内涵、价值和要求，并引导他们在实践中践行和弘扬社会主义的爱国主义。

第五，开展民族团结和国家统一教育。中华人民共和国成立以后，为了维护国家的安全和统一，党和国家要求把抗美援朝的爱国主义教育作为首要任务，使维护国家安全和统一的理念深入大学生内心。中央人民政府教育部在1951年教育工作的方针中强调，全国教育工作的首要方针和任务就是大力开展抗美援朝的爱国主义教育，并在全国范围内号召一批青年学生自觉地参加国防建设的任务。[1] 这使大学生认识到，抗美援朝不仅是保家卫国的正义行动，也是中国人民保卫世界和平的义不容辞的国际主义责任。与此同时，根据党提出的“加强各民族的爱国主义和国际主义相结合的教育”[2] 的要求，各个高校把加强民族平等和民族团结教育作为大学生爱国主义教育的重要内容，尤其是在民族院校大力加强党的民族政策的教育，引导各个民族的大学生消除民族隔阂，使大学生深刻认识民族的团结和祖国的统一是国家迈向光明未来的基础，加强对中华人民共和国新制度的热爱和认同，以巩固祖国统一和国家安全，促进各民族的共同进步和发展。

2. 开设新民主主义的革命政治课程，为大学生爱国主义教育提供重要依托

根据《共同纲领》所提出的“废除政治上的反动课程”的要求，全国高等教育工作会议提出了建设新民主主义的革命政治课程的具体安排。从1950年8月起，全国各高校在教育部的具体指导下对学校的政治理论课程进行了改革，其中“社会发展简史”“新民主主义论”等课程是改造大学生思想，引导大学生树立新民主主义的爱国主义思想的基本课程。此外，有的高校还开设“政治讲座”，结合时事动态向学生宣讲党和国家各项政

[1] 参见范跃进编：《中华人民共和国成立以来高等教育元政策（1949—2016）》，北京：中国社会科学出版社2017年版，第51页。

[2] 《建国以来重要文献选编》（第2册），北京：中央文献出版社2011年版，第464页。

策，引导学生了解国家形势和基本任务。1952 年到 1953 年，全国高校根据教育部的具体指示要求逐渐增设了“辩证唯物论和历史唯物论”“马列主义基础”“中国革命史”等课程，形成适应社会主义过渡时期形势需要的课程体系，其中重点依托“中国革命史”引导大学生继承和发扬中国共产党的革命主义的爱国传统，对大学生进行革命的爱国主义、全心全意为人民服务的价值观教育，激发他们艰苦奋斗的精神和保卫中华人民共和国、建设中华人民共和国的决心和动力。1956 年进入社会主义建设阶段以后，教育部下发了《中华人民共和国高等教育部关于高等学校政治理论课程的规定（试行方案）》（简称“56 方案”），各个高校根据国家形势和党的中心工作的变化，在全体学生中普遍开设了“社会主义教育”课程，帮助他们形成对社会主义制度的正确认识，形成社会主义的爱国思想，为培养社会主义建设所需要的青年人才指引正确政治方向。1961 年 4 月，中宣部和教育部在原先部分高校开设“政治讲座”的基础上，要求各高校所有专业都要将“形势与任务”作为必修课程，并将“马列主义基础”改为“马克思列宁主义基本理论”，将“中国革命史”改为“中共党史”，形成了以毛泽东思想为引领，以形势与任务、中共党史为主要依托对大学生进行爱国主义教育的基本课程体系。总的来说，这一时期高校政治理论课经过多次调整，各门课程中始终蕴含了丰富的爱国主义教育内容，推动大学生爱国主义教育实现了预期目标和良好效果。

3. 结合政治运动和生产劳动，为大学生爱国主义教育提供活力源泉

中华人民共和国初期，各种社会政治运动轰轰烈烈地展开，成为大学生在社会课堂接受教育的重要舞台，引导青年大学生参加各项社会政治运动与投身社会主义的生产劳动实践，也成为大学生爱国主义教育的重要途径。

第一，围绕“抗美援朝，保家卫国”开展形式多样的爱国运动。1950 年 10 月，抗美援朝战争爆发，党中央立刻发出在全国进行抗美援朝时事宣传的指示。[1]在《人民日报》发表的题为《开展抗美援朝的政治教育》的

[1] 中央档案馆，中共中央文献研究室编：《中共中央文件选集（1949 年 10 月—1966 年 5 月）》（第 4 册），北京：人民出版社 2013 年版，第 93 页。

社论中指出，要通过抗美援朝的爱国主义教育“使青年认识当前中国人民抗美援朝保家卫国的斗争是中国人民的爱国运动，人类卓越和正义的事业，是人类社会发展到今天和最后的帝国主义者作具有历史意义的斗争，是中华民族，国家，人民无限的光荣。”[1] 各高校组织师生认真学习中央指示和社论精神，举办普遍的群众性祝捷，举办各种形式的爱国主义和国际主义的宣传活动。使大学生对形势的认识，由一片“太平气象”变为清醒，不仅开始关注时事，而且基本上消除了亲美、崇美、恐美的错误观点，增强了打败美国侵略者的信心和决心。此外，大学生通过到工厂、农村进行宣传，不仅密切了大学生同工农的联系，也使他们切身体会到了劳动人民的伟大，使他们的阶级觉悟得到提高。许多学生认为“这是一生思想的大革命”“这种锻炼是课本上学不到的”[2]。

第二，组织大学生参加社会主义教育运动。1956 年社会主义制度确立以后，为了加强人民群众对国家性质、发展道路、奋斗目标的认知和理解，为社会主义建设鼓舞力量，1957 年 8 月，党中央决定从农村开始进行大规模的社会主义教育，并从农村逐步向学校和社会其他各领域拓展，推动形成全国范围内的社会主义宣传教育高潮，极大地促进了包括大学生在内的全体人民的社会主义国家观念。1964 年 9 月到 1965 年 2 月，中共中央、国务院连续发出多份通知，要求高校要积极地有计划地组织师生参加各地的社会主义教育运动，使师生在实际锻炼中提高社会主义觉悟，增强对社会主义制度的认识和认同，在向广大农民进行宣传的过程中深入地了解农村和农民，了解国家的国情，对他们进行世界观的彻底改造。

第三，组织学生参加各项民主运动和生产劳动。一是组织学生参加土地改革。从 1950 年冬到 1953 年春，一场大规模的土地改革运动在广大新解放区广泛展开。全国各级学校根据党中央要求和教育部安排部署普遍开展了土地改革政策的学习和宣传运动，各地大批高校师生踊跃报名赴解放区参加土改。通过土改实践，高校师生对马克思主义的阶级观点和当时的

[1] 河南文教厅编审科：《爱国主义教育》，郑州：河南文教厅编审科 1951 年印，第 2 页。

[2] 中央档案馆，中共中央文献研究室编：《中共中央文件选集（1949 年 10 月—1966 年 5 月）》（第 5 册），北京：人民出版社 2013 年版，第 117-119 页。

国情有了更全面的认识，不仅切实认识到阶级和阶级斗争的存在，在农民与地主的真实斗争中确立了自己的阶级立场，深刻认识到正是中国共产党领导的土地改革才使广大劳动人民有了立身之所和发展之基，极大地增进了大学生对党的性质、宗旨、路线的了解和认同，增强了大学生对党的感情。二是结合“三反”“五反”运动开展思想改造，引导大学生与资产阶级以及腐蚀思想作斗争，提高大学生的社会主义觉悟。1952 年 3 月 13 日，中共中央下发《关于在高等学校中进行“三反”运动的指示》，要求通过“三反”运动严厉打击“现在学校中仍普遍和严重地存在着的各种资产阶级思想”[1]，为国家教育的改革和建设人才的培养进一步扫清障碍。在运动中，师生一方面加强理论学习和实践锻炼，一方面进行深刻的批评与自我批评，进一步清除了封建主义、资本主义等旧思想的影响，划清了与资产阶级的思想界限，巩固了劳动光荣、为工农服务、为人民服务的思想。三是组织大学生参加生产劳动。党中央提出，教育与生产劳动相结合，是培养全面发展的社会主义新人的正确道路[2]，通过与当时的社会主义建设实践相结合，能够使学生在劳动中加强与工农群众的感情，磨炼积极投身社会主义建设的意志和能力。但当时一些高校对这一方针的理解和落实与党中央的要求存在一定程度的偏差。因此，1961 年中共中央批准试行的《高教六十条》明确提出要纠正生产劳动过多等妨碍和削弱教学工作的现象，要正确处理教学工作和生产劳动、社会活动等之间的关系。

4. 开展榜样教育活动，为大学生爱国主义教育树立典型示范

在这一时期，党和政府大力弘扬爱国主义的社会主旋律，大力宣传抗美援朝战争中涌现出来的英雄人物和各行各业的爱国先进。各个高校把握契机积极组织学生参加专题讲座、学习社论、邀请英雄人物现身说法等形式，向大学生开展榜样教育活动，为大学生爱国主义教育树立了鲜活的典型示范。在朝鲜战场上，罗盛教、黄继光、邱少云等英雄人物的光辉事迹使广大人民群众和志愿军将士备受感动和鼓舞，激发了全体中国人对美帝

---

[1] 中央档案馆，中共中央文献研究室编：《中共中央文件选集（1949 年 10 月—1966 年 5 月）》（第 8 册），北京：人民出版社 2013 年版，第 151 页。

[2] 参见中央档案馆，中共中央文献研究室编：《中共中央文件选集（1949 年 10 月—1966 年 5 月）》（第 29 册），北京：人民出版社 2013 年版，第 35-36 页。

的仇视和战斗到底的决心，最终全国军民齐心协力、顽强作战、坚决胜利，使抗美援朝战争成为中华人民共和国在国际上的立威立国之战。在抗美援朝精神的激励下，各生产领域也纷纷涌现出了许多生产能手和劳动模范。他们将爱国热情完全融入到社会主义的生产建设中，如青岛纺织女工郝建秀、辽宁鞍钢工人王崇伦、中国石油工人的典范“铁人”王进喜等，他们处处为国家利益着想，不仅带动了生产力的发展，更极大地振奋了全国人民艰苦奋斗、自立自强的精神，推动形成了努力为建设社会主义多做贡献的社会风气。20世纪60年代初期，党和国家及时纠正了50年代后期“左”倾冒进的错误，促进了国民经济的迅速全面恢复和发展，而且在精神文化建设方面也取得了显著成绩，社会各行各业涌现出了一大批具有社会主义和共产主义思想的英雄模范，雷锋同志就是其中的典型代表。在毛泽东提出“向雷锋同志学习”的鼓舞下，全国迅速掀起了学习雷锋的活动热潮，也使大学生的思想感情受到了极大的触动和洗礼。总之，通过树立和开展榜样教育活动，大学生受到了全心全意为人民服务和献身社会主义建设事业的深刻教育，激起了他们在社会主义的磅礴事业中建功立业、无私奉献的情感共鸣，帮助他们确立为人民服务的人生观和价值观。

(四) 适应中华人民共和国的建设和发展，彰显大学生爱国主义教育的新要求

中华人民共和国的成立，是中华民族历史上开天辟地的大事件，党和国家的历史方位发生了崭新的变化。在这样一种全新的历史背景下，大学生爱国主义教育紧密结合中华人民共和国成立初的形势需要，奠定了社会主义制度下加强大学生爱国主义教育的良好开端，对于引导大学生形成社会主义的爱国主义观念起到了十分显著的效果。

1. 充分体现了中华人民共和国大学生爱国主义教育的直接现实性

所谓大学生爱国主义教育的直接现实性，是指中华人民共和国成立后大学生爱国主义教育围绕着社会主义爱国主义的实践需求，获得了前所未有的现实舞台，其发展出现了新的契机和新的方式。具体来说，其一，中华人民共和国大学生爱国主义教育引导学生所爱之“国”，即社会主义中

华人民共和国，是真正代表人民利益的国家。在民不聊生的旧中国，在探寻国家和民族出路的上下求索中，陈独秀曾指出：“人民何故必建设国家？其目的在保障权利，共谋幸福，斯为成立国家之精神。”[1] “爱国者何？爱其为保障吾人权利谋益吾人幸福之团体也。”[2] 强调成立和建设国家的根本目的在于保障人民的权利，谋求人民的幸福，而也只有这样的国家，才是真正值得人民去爱的国家。中华人民共和国成立以后，国家意志与人民群众的爱国主义追求不再矛盾，因为党的领导和社会主义道路正是实现最广大人民根本利益的坚强保障，社会主义的爱国主义与最广大人民的根本利益达成了高度一致，从而区别于历史上任何剥削阶级的爱国主义价值观，使包括大学生在内的全体中国人民真正有国可爱。其二，大学生爱国主义教育的具体要求是由其现实的实践基础所决定的。伴随着国家从社会主义革命时代向建设时代转变的历史进程，伴随着社会主义制度的建立、巩固和发展，赋予了大学生爱国主义教育新的主题和新的内容，也为大学生爱国主义教育提供了广阔的舞台，在这个舞台上，每一名大学生都有提升正确的爱国认知、充分地表达和实现自己的爱国主义感情、实践自己的爱国主义理想和追求的社会权利，充分体现了社会主义爱国主义的直接现实性。其三，大学生爱国主义教育紧密结合形势发展需要和党和国家中心任务，在大学生中间传播党的路线方针政策，引导大学生正确对比中国共产党领导下中国社会发生的深刻变化，凝聚大学生建设和发展社会主义，就是建设和发展国家，就是忠诚和服务于人民的爱国思想共识，使大学生们把强烈的爱国热情转化为切实的爱国行动，更加自觉地努力学习、艰苦奋斗，立志改变国家一穷二白的现实状况，在祖国和人民最需要的地方，在每一个社会主义建设的工作岗位，干出了千古流芳的爱国业绩。

2. 把大学生爱国主义教育作为构建社会主义意识形态的重要途径

中华人民共和国成立初期国家经济文化极其落后，思想政治领域面临的形势和任务也十分复杂和严峻，意识形态空间多元并存，迫切需要把党

---

[1] 《陈独秀文集》（第1卷），北京：人民出版社2013年版，第39页。
[2] 《陈独秀文集》（第1卷），北京：人民出版社2013年版，第83页。

的意识形态上升为国家的意识形态，发扬中国共产党弘扬和践行爱国主义精神的优良传统，把大学生爱国主义教育作为构建社会主义意识形态的重要途径，发挥其维护国家稳定和促进社会发展的重要作用。其一，中国共产党始终把青年大学生看作是社会变革过程中的先锋力量，始终看作是党的事业的生力军。在革命的过程中，党正是发挥爱国主义这面旗帜在动员和组织青年学生方面的巨大优势，把广大的青年学生聚集在党的周围，引导他们支持和拥护党的纲领，成为革命事业的重要力量。中华人民共和国成立以后，也必须通过大学生爱国主义教育引领广大青年大学生树立和践行社会主义的爱国思想，这不仅是党的思想政治工作的重要任务，也是构建和维护社会主义意识形态的必然要求。其二，中国共产党科学分析当时大学生的实际情况，充分认识到帮助大学生树立新的社会主义的爱国主义思想，必然是一个艰巨和长期的过程，也必然要尊重爱国主义思想形成和发展的规律，使大学生走从爱国者到共产主义者的道路。邓小平提出，“要善于把一切爱国的青年、包括还不赞成共产主义世界观的爱国青年，都团结起来，共同为祖国的社会主义事业奋斗”[1]。所以，必须使学校教育成为培养爱国青年人才的主阵地，以系统、深入、持久的学校爱国主义教育帮助大学生转变思想，树立符合党和国家要求的爱国主义的观念意识、价值取向、道德规范和行为准则。其三，构建和维护社会主义意识形态，必然要加强大学生爱国主义教育。1956 年社会主义三大改造完成后，随着中国国家性质由新民主主义转变为社会主义，中国共产党开始探索适合中国国情的社会主义建设道路，党中央和毛泽东同志深刻认识到，要巩固社会主义制度，发展和完善社会主义生产关系，必须高度重视和充分发挥上层建筑的推动作用，正确认识和处理敌我与人民内部两类矛盾，通过与时俱进、切实有效的思想教育工作，为社会主义制度的巩固和发展做好思想保障工作。基于知识分子和青年人才在社会主义建设中的重要作用，对于其中一些人忽视思想理论和政治素养学习的偏向，毛泽东批评道：

[1] 共青团中央、中共中央文献研究室编：《毛泽东 邓小平 江泽民论青少年和青少年工作》，北京：中国青年出版社 2003 年版，第 141 页。

“没有正确的政治观点，就等于没有灵魂”[1]。尤其是在帝国主义加强对社会主义国家推行“和平演变”的背景下，培养造就千百万无产阶级革命、建设、改革事业的建设者和接班人，不仅是无产阶级政党建设的重要问题，也是关系党的前途命运的重要问题。因此，必须充分发挥大学生爱国主义教育的思想保障和政治引领作用，为新兴社会制度的巩固和发展提供思想保证、精神动力和舆论支持，使党的社会主义事业千秋万代地继承和发展下去。

3. *充分发挥党和政府在大学生爱国主义教育发展中的主导性作用*

在新的政治体制和经济关系基础上，崭新的爱国主义思想和精神风貌的形成和普及是社会发展的需要，迫切要求中国共产党运用上层建筑力量，充分发挥政府部门的主导作用，采取强有力的措施推进大学生爱国主义教育的顺利实施和全面覆盖。一方面，党和国家以方针、政策、法律的形式，以政权的行政力量来保证大学生爱国主义教育的强制实施。《共同纲领》对中华人民共和国的国体、政体和国家各领域的基本方针政策进行了明确规定，并明确把“爱祖国”列在了中华人民共和国道德谱系之首的地位加以强调和重视，为中华人民共和国大学生爱国主义教育的开展提供了明确的法理依据。1954 年颁布的《中华人民共和国宪法》第三章“人民的基本权利和义务”中，也包含了爱国主义的政治规定，以国家根本大法的形式提出了对全体人民的爱国主义道德义务要求。1961 年 9 月颁发的《高教六十条》中明确提出高校思想政治工作的首要目标，就是要培养学生的爱国主义的思想觉悟和政治观点。通过党和政府强制性的要求和支持，大学生爱国主义教育获得了巨大的发展空间，成为高校思想政治工作的核心内容，培养了大学生高尚的爱国主义道德和情操，实现了“又红又专”的人才培养目标。另一方面，党和政府非常重视创造爱国主义的社会氛围，常常以主题教育和爱国运动的形式在全社会范围内开展爱国主义教育。例如在抗美援朝爱国运动开展期间，往往由党中央发出指示，《人民日报》等中央媒体立即根据指示精神发出社论，号召全国人民参与到轰轰

[1] 李德芳、李辽宁、杨素稳主编：《中国共产党思想政治教育史料选编》，武汉：武汉大学出版 2009 年版，第 269 页。

烈烈的抗美援朝爱国运动之中，使广大人民群众受到了爱国主义、国际主义、革命英雄主义的教育，大家纷纷以实际行动支援志愿军在前线的英勇作战。农民们把自家生产的粮食捐献出来，工人在岗位上努力生产，文艺界也纷纷带头捐款捐物，组织文艺汇演慰问前线将士，各种爱国增产运动、爱国卫生运动、订立爱国公约的活动也在全国范围内如火如荼地开展。通过这种运动式的动员，引发群众普遍的爱国行为，充分调动了人民群众的爱国自觉，营造了十分浓厚的爱国氛围，也深深地激励和感染了广大青年大学生。总之，这种政府主导的大学生爱国主义教育模式对帮助大学生树立新的爱国主义思想，动员和吸引大学生积极参与社会主义建设是十分有益和有效的，在社会主义制度建立和发展的过程中发挥了重要作用，成为贯穿中华人民共和国成立以来大学生爱国主义教育的主要基调。

二、开拓发展阶段（1978. 12—1994. 07）

1978 年 12 月，党的十一届三中全会作出了把党的工作中心转移到经济建设上来，实施改革开放的伟大决策。中国共产党带领全国人民实行改革开放的生动实践，为爱国主义思想的发展提供了广阔空间和时代元素，不断丰富和发展中的爱国主义思想也为改革开放的顺利进行提供了动力源泉和精神支撑。各个高校深入批判了“文化大革命”时期的极左路线，进一步开拓大学生爱国主义教育的实践道路，为高校思想政治工作和社会主义精神文明建设作出了积极贡献。

（一）改革开放的伟大事业呼唤“四有”社会主义新人

新的历史时期和历史任务不仅对全党全国人民的爱国主义思想觉悟和精神境界提出了新要求，也推动了大学生爱国主义教育的新发展和新实践，把大学生培养成为党和国家建设社会主义现代化事业迫切需要的高素质人才，把大学生的爱国情感和力量激发和凝聚到改革开放事业上来，引领他们成长为改革开放事业的支持者和行动派，迫切要求大学生爱国主义教育发挥新的作用。

1. 党的工作重心转移迫切需要有理想、有道德、有文化、有纪律的青年人才

“文化大革命”的十年间中国的经济发展处于十分缓慢的状态，而与此同时蓬勃兴起的新科技革命推动了世界经济快速发展，日新月异的科技进步使得中国面临着巨大的国际竞争压力和自身发展压力，培养“又红又专”的高科技人才，成为关系社会主义事业兴衰成败的关键问题。而能否克服“四人帮”在“文化大革命”期间对学校爱国主义教育的严重损害，是关系到巩固无产阶级专政的一项极其重要的政治任务，因此全社会都应该关心青少年思想政治的进步，共同把青少年培养成忠于社会主义祖国和无产阶级革命事业的优秀人才[1]。改革开放和全面推进社会主义现代化事业的发展，必然要弘扬爱国主义的主旋律，凝聚全国人民的力量，在全体人民中树立新的共同理想；同时更要着眼新的形势任务，培养符合主导意识形态和时代发展要求的社会主义新人。因此，邓小平反复强调要把培养“四有”新人的问题放在精神文明建设的第一位，他指出“建设社会主义的精神文明，最根本的是要使广大人民有共产主义的理想、有道德、有文化、守纪律。”[2] 这是基于对“文化大革命”期间所带来的挫折教训的深刻总结，对改革开放新时期社会主义促进物质文明和精神文明协调发展的战略思考。提高社会生产力的前提在科技，关键在人才，基础在教育，新时期应该培养和造就什么样的人才，人才应该具备什么样的素质，就是新时期高等教育必须回答的问题，也是大学生爱国主义教育必须回答的问题。

2. 党和国家各项工作重回正轨为大学生爱国主义教育开拓发展奠定基础

这一时期，中国共产党重新确立了实事求是的思想路线，把“思想转移”作为推动党的工作重点转移的根本保障，同时恢复了高校统一招生考试制度，使高校各项工作呈现新的发展局面，并且逐渐恢复了正规的思想政治工作，为大学生爱国主义教育开拓发展奠定了基础条件。

---

[1] 参见《邓小平文选》（第2卷），北京：人民出版社1994年版，第106页。

[2] 《邓小平文选》（第3卷），北京：人民出版社1993年版，第28页。

第一，1981 年 6 月，党的十一届六中全会通过了《关于建国以来党的若干重大历史问题的决议》，标志着中国共产党在指导思想上完成了拨乱反正的历史任务，为新时期大学生爱国主义教育创造了良好的政治环境。1987 年 10 月，中国共产党召开第十三届全国人民代表大会，总结党的十一届三中全会和十二大以来党和国家进行改革开放的经验，为下一步的发展建设确立总的工作方针。会议提出了社会主义初级阶段的基本路线和“三步走”战略，丰富了中国共产党的爱国主义思想，为全党全国人民践行爱国主义提供了新的指南。同时也有助于在大学生爱国主义教育过程中坚持用历史唯物主义的原理方法正确看待爱国主义，明确了大学生爱国主义教育既不能超越实际条件、又要促进社会进步和发展的双重属性。

第二，高考的恢复为大学生爱国主义教育创设重要前提。1977 年 8 月 8 日，邓小平在全国科学和教育工作座谈会上的讲话中提出，为社会主义现代化建设培养高质量人才，必须改革考试招生的具体办法，停止群众推荐上大学的招生办法，恢复“从高中毕业生中直接招考”的方式选拔大学生。随后，从 8 月 13 日开始，在北京召开了会期长达 44 天的全国第二次高等学校招生工作会议，会议讨论决定从当年开始恢复高等学校统一招生考试制度[1]，这个重大决策扭转了“文化大革命”以来高等教育招生考试政策，是恢复和建立新的教育秩序的开端，是对过去十年的错误招生办法的彻底纠正。从 1977 年特殊的冬季高考，到 1980 年全面恢复从应届高中毕业生中招收新生的形式，短短三年间有超过 1000 万人次参加了高考，使新时期大学生的整体素质得到提升，为改革开放事业培养了大批合格人才。此外，恢复高考更为重要的意义在于使人们重新树立起“尊重知识、尊重人才”的观念，在全社会掀起了读书热潮、学习热潮，并促进了整个社会公平与公正的重建，为大学生爱国主义教育恢复发展创造了重要条件。

第三，高校思想政治工作的科学化发展奠定了大学生爱国主义教育的坚实基础。从十一届三中全会开始，思想政治教育的工作者和教育者们不断总结和深化对改革开放背景下思想政治工作规律的科学认识，树立和遵循“思想政治工作要科学化”发展理念，辩证把握思想政治教育

---

[1] 参见何东昌：《中华人民共和国教育史》，海口：海南出版社 2007 年版，第 537 页。

与经济建设、精神文明建设以及与人的全面发展之间的基本关系，正确认识思想政治教育要服务于经济建设、服务于党的基本路线和战略目标的总体定位，使党的思想政治教育工作不仅得到了恢复发展，而且在理论和实践层面都取得了重大的突破和创新。1979 年 1 月，教育部政治理论教育司重新建立，逐步恢复了对高校思想政治工作的全面指导，并基于对大学生爱国主义教育重要作用的正确认识，恢复了其在高校思想政治工作中的重要地位，为大学生爱国主义教育提供了规范管理和正确引导。1984 年以后思想政治教育学科的创立和不断发展，实现了以高度理论化、学科化、专业化的方式探寻思想政治教育工作的本质规律，拓展思想政治教育工作的有效路径，极大地促进了思想政治教育工作的科学化发展，还为高等学校培养了大批的思想政治师资队伍，保障了大学生爱国主义教育的顺利开展。

3. 大学生爱国主义教育开拓发展仍然面临多重困难与挑战

改革开放政策的实施，使我们国家取得了以往历史上从未取得过的经济和社会的巨大进步，国家面貌发生了深刻的变化，激发了各族人民和广大青年积极投身新的历史进军的极大热情。社会主义精神文明建设和爱国主义教育也被提高到了更重要的地位，这些都为大学生爱国主义教育进一步开拓新的发展道理创造了良好条件，但大学生爱国主义教育仍然面临着多重挑战。一方面，从思想层面上来说，在一个经济文化落后的社会主义国家进行全面改革和开放，是一场涉及全社会、全领域、全体人民的深刻变革，是一个全新而又极其复杂的课题，必然会遇到许多思想上的问题和困惑，而“文化大革命”造成的思想混乱又尚未完全消除，一些在“文化大革命”中成长起来的青年学生，由于特殊的成长背景和系统教育的欠缺，不能深刻地体会祖国的新旧对比，不能科学辩证地看待社会发展的规律。在这样一种特殊背景下，再叠加社会上的一些消极现象和杂音的存在，尤其是一些质疑党的领导和改革开放的舆论和观点，一些主张全盘西化的错误思潮和精神污染，对大学生的爱国思想和社会主义觉悟产生了不可忽视的负面影响，大学生爱国主义教育必须有效破解这些问题，才能从根本上扫清恢复发展的障碍。然而，限于当时改革开放刚刚起步，人们对于上述新情况和新问题在大学生思想上引起的各种反应和波动，还缺乏全面深刻的认知，大学生爱国主义教育的一些具体操作、具体做法还缺乏针对性和有效性，大学生爱国主义教育亟待在实践中进一步加强和改进。

（二）落实党和国家要求，推动大学生爱国主义教育的开拓发展

随着党的思想政治教育方针回到正轨并得到贯彻落实，以及大学生爱国主义教育的重要性的凸显及其具体指导意见的提出，使大学生爱国主义教育在高校思想政治工作中的核心地位和主要目标重新得到了明确，推动了大学生爱国主义教育的开拓性发展。

1. 系列文件出台，彰显党和国家对新时期大学生爱国主义教育的高度重视

根据1978年4月召开的全国教育工作大会的要求，教育部在当年10月下发的《关于讨论和实行全国重点高等学校暂行工作条例（试行草案）的通知》（以下简称《高校工作条例》）再次指出，高等学校在思想政治工作中，必须正确处理“红”与“专”的关系，要求各个高校认真落实全国教育工作大会的会议精神，清除各种消极错误的思想，加强和改进大学生爱国主义教育，帮助大学生尽快转变观念[1]。1980年4月，教育部、共青团中央印发了联合通知，强调大学生爱国主义教育要紧密结合形势与任务的教育，进一步肃清林彪和“四人帮”的恶劣影响，把四项基本原则教育作为爱国主义教育的核心内容；教育学生正确看待国家过去30年的成就和挫折，了解社会发展规律，树立对党的领导和社会主义制度的信心。为了更好地服务于经济建设和改革开放的中心工作，推动爱国主义教育的规范化发展，使切实有效的爱国主义教育为社会主义精神文明建设夯实基础，1983年7月，中共中央宣传部、中共中央书记处研究室下发了《关于加强爱国主义宣传教育的意见》，明确强调要始终把青少年作为改革开放新时期开展爱国主义教育的重要对象，提出要把“祖国母亲”铭刻在青少年的头脑中，教育引导他们把爱国的情感和意识化作建设祖国的实际行

[1] 参见教育部思想政治工作司：《加强和改进大学生思想政治教育重要文献选编（1978—2014)》，北京：知识产权出版社2015年版，第2页。

动。总之，这一阶段，在恢复和促进高等教育的一系列文件中对大学生爱国主义教育的突出和强调，充分体现了党和国家对新时期大学生爱国主义教育的高度重视，使大学生爱国主义教育获得了全新的发展机遇。

2. 重新明确大学生爱国主义教育的核心地位

这一时期，基于对社会主义精神文明建设重要作用的认识，党中央提出要坚决扫除“文化大革命”期间轻视教育的错误观念，要坚持德智体全面发展和“又红又专”的教育方针，把爱国主义教育作为精神文明建设的一项重要任务。《关于加强爱国主义宣传教育的意见》中指出在社会主义现代化建设过程中坚持开展爱国主义教育“是建设以共产主义思想为核心的社会主义精神文明的一项重要任务，是宣传和思想政治工作的一项基本内容”[1]。根据这一精神，着眼于切实有效地服务于经济建设和改革开放的历史任务，培育大学生立足民族又开放包容的爱国思想，培养大学生成为满足和适应社会主义现代化建设事业需要的爱国者和建设者，就成为十分重要且紧迫的事情。教育部随后下发的《关于学习贯彻〈关于加强爱国主义宣传教育的意见〉的通知》中，对学校爱国主义教育提出了具体部署，要求各个高校必须全面贯彻落实党中央精神，要把爱国主义教育作为学校教育，尤其是政治理论课、思想品德课的中心内容[2]，再次明确了大学生爱国主义教育在高校思想政治工作中的核心地位。

3. 明确了大学生爱国主义教育的主要目标

站在新的历史起点，邓小平再次强调：“学校应该永远把坚定正确的政治方向放在第一位。”[3]《高校工作条例》明确规定，高等学校学生的首要培养目标是“具有爱国主义和国际主义精神，具有共产主义道德品质，热爱中国共产党，热爱社会主义”[4]，与20世纪60年代颁布的《高教六十条》相比，这里专门强调了培养大学生的爱国主义精神必须培养大

[1] 教育部思想政治工作司：《加强和改进大学生思想政治教育重要文献选编（1978—2014）》，北京：知识产权出版社2015年版，第17页。

[2] 参见教育部思想政治工作司：《加强和改进大学生思想政治教育重要文献选编（1978—2014）》，北京：知识产权出版社2015年版，第22页。

[3] 《邓小平文选》（第2卷）：北京：人民出版社1994年版，第104页。

[4] 教育部思想政治工作司：《加强和改进大学生思想政治教育重要文献选编（1978—2014）》，北京：知识产权出版社2015年版，第1页。

学生对中国共产党的热爱。这是基于对一段时间以来一些学生出现的思想混乱等问题的正确认知，也是对社会主义建设时期大学生爱国主义教育宝贵经验的深刻总结，是新时期发挥大学生爱国主义教育思想保障功能的题中之义，明确了新时期大学生爱国主义教育的本质要求。1980 年 4 月教育部、共青团中央在《关于加强高等学校学生思想政治工作的意见》中指出，“社会主义大学与资本主义大学的本质区别，就在于它培养出来的学生具有社会主义觉悟，拥护中国共产党的领导，热爱社会主义祖国，努力为人民服务，刻苦钻研业务，立志为建设社会主义现代化强国而奋斗”[1]。强调培养党和国家事业发展所需的人才，不仅要培养大学生过硬的专业本领，更要培养对祖国和人民的热爱，培养对党和社会主义事业的忠诚。可见，新时期大学生爱国主义教育的目标，就是围绕着党和国家全力推进社会主义现代化建设的根本任务，培养大学生正确的爱国思想和社会主义觉悟，引导大学生走从社会主义到共产主义的成长道路，做到热爱祖国、热爱人民、热爱党和社会主义的融合统一，做到树立正确的爱国思想和为社会主义事业不懈奋斗的融合统一。

（三）大学生爱国主义教育开拓发展的具体表现

在党和国家一系列重大举措的推动下，大学生爱国主义教育的内容、方法、途径等不断拓展，大学生爱国主义教育回到了正确的轨道上。

1. 凝练了新时期大学生爱国主义教育的基本内容

这一时期，以服务社会主义改革开放事业为导向，以邓小平关于爱国主义教育的重要思想为引领，以《关于加强爱国主义宣传教育的意见》等重要文献对爱国主义教育内容的规定为重要依据，结合大学生思想观念的新特点和精神生活的新需要，大学生爱国主义教育也逐渐凝练了新的内容，主要包括：一是坚持以马克思列宁主义、毛泽东思想和邓小平理论为理论指南，引导大学生正确认识爱国主义的科学内涵，正确认识其对改革开放事业的精神动力作用，对推动中国特色社会主义建设的重要意义，对

[1] 教育部思想政治工作司：《加强和改进大学生思想政治教育重要文献选编（1978—2014)》，北京：知识产权出版社 2015 年版，第 4 页。

大学生进行热爱祖国、热爱人民、热爱中国共产党的教育，并循序渐进地加强从爱国主义到共产主义思想的教育。

二是为了提高大学生对改革开放政策的了解，引导他们做改革开放的坚定拥护者，大学生爱国主义教育以改革开放教育为重点，引导大学生了解改革开放对于实现社会主义现代化的关键作用。这也从内在要求一方面要对大学生进行四项基本原则的教育，向学生宣传和阐释四项基本原则的基本内容和现实要求，使他们深刻明白坚持四项基本原则对于坚持社会主义事业和现代化事业的重大意义。另一方面又要加强反对资产阶级自由化教育，讲清资产阶级自由化的实质和危害，引导大学生正确看待国家发展所遇到的挫折和困难，坚持改革开放和国家发展的社会主义方向和道路。

三是在改革开放的条件下，更要教育引导大学生增强国际眼光，学会辩证地看待中外异同，认识到实行对外开放政策是国家和民族发展的必然途径，既要防止盲目排外的狭隘民族主义，也要反对妄自菲薄、崇洋媚外、全盘西化的错误思想；既要在对外开放的过程中增强民族自信心和自尊心，又要贯彻洋为中用、择善而从、学习借鉴的基本原则。

四是加强历史文化和革命传统的教育。大学生们善于学习和接受新鲜事物，拥护国家改革开放的决策和行动，但如果他们不了解国家的历史和现实，也就不能够充分地了解改革的艰巨性，因此必须把中华民族悠久历史和文化作为涵养和激发大学生爱国主义情感的重要源泉，增强大学生的民族自强精神和开拓进取精神，尤其是要继续发扬艰苦奋斗的精神。

五是加强现实国情教育。重点以祖国新貌和建设成就、为祖国“四化”作出新贡献的英雄人物和先进集体的模范事迹激发动力，使大学生把热爱祖国的感情和觉悟转化为建设祖国、保卫祖国的实际行动。

六是开展爱国主义的道德教育，这不仅历来都是大学生爱国主义教育的重要内容，也是加强社会主义精神文明建设的内在要求。党和国家这一阶段关于社会主义精神文明建设、关于社会主义道德建设的一系列文件都对此作出了明确规定，提出了改革开放新时期加强“爱祖国、爱人民、爱劳动、爱科学、爱社会主义”的社会主义道德建设的基本要求，丰富了大学生爱国主义道德教育的内涵。

2. 依托马列主义理论课和思想品德课进行大学生爱国主义教育

根据1978年召开的全国教育工作会议精神，从1979年至1984年的五年间，教育部陆续下发多个关于加强和改进高校马列主义课和共产主义品德课的通知、办法和规定，指导各个高校根据新的形势和任务对思想政治理论课进行了恢复重建，并在对恢复重建所取得的成绩进行充分肯定的同时，也实事求是地指出了高校马列主义理论课建设需要改进的问题。1985年8月，中共中央颁布了《关于改革学校思想品德和政治理论课程教学的通知》，这是改革开放以来第一个以党中央的名义下发的关于大学生思想品德和政治理论课建设的文件，明确提出这两类课程是大学生思想政治教育的主渠道，指出根据形势发展和大学生实际需要，继续对相关课程的深化改革，对于培养大学生成为"四有"社会主义新人具有关键作用。根据中央要求，1986年5月，国家教育委员会发布通知要求各高校在三至五年时间内要逐步开设"中国革命史""中国社会主义建设""世界政治经济和国家关系"等新课程，并对通过相关课程进行爱国主义教育提出了明确的要求："要进行爱国主义教育，使学生成为忠诚的爱国者。"[1] 1988年5月，国家教育委员会又印发相关通知，要求各个高校要将"形势与政策"作为大学生的必修课开设，明确规定该门课程的任务是要引导大学生认清国家的形势与任务，激发他们的爱国主义精神，引导他们珍惜国家发展的良好局面，为推动改革开放和中国特色社会主义事业奋发学习。可以看出，马列主义理论课和思想品德课作为大学生爱国主义教育的重要依托，其中关于爱国主义教育的内容根据时代要求和实践检验不断得到加强，为落实大学生爱国主义教育的具体任务提供了根本保障。

3. 通过社会实践活动增进大学生对社会主义国情的认识

随着改革开放步伐的加快，为了引导大学生加强实践锻炼，以国家发展的现实成就激发大学生投身改革浪潮、创造更美好未来的热情与活力，党和国家开始注重通过社会实践活动增进大学生对基本国情和改革

[1] 教育部思想政治工作司：《加强和改进大学生思想政治教育重要文献选编（1978—2014)》，北京：知识产权出版社2015年版，第49页。

开放事业的认识，正式提出了“大学生社会实践”的概念，全国高校也逐渐开始制度化、常态化开展大学生社会实践活动，许多高校在寒暑假以“社会实践周”“社会实践营”形式开展以爱国主义教育为主题的大学生社会实践活动，使其成为引导大学生正确认识国情、落实爱国行动的重要途径。20 世纪 80 年代后期，为使青年学生在社会实际中树立正确的爱国主义思想，得到实践的锻炼和磨砺，消除各种错误思潮对于大学生思想的不良影响，国家教育委员会、共青团中央等部门根据党中央要求增强了对大学生社会实践活动的组织保障和具体指导，要求高校团组织要积极发挥作用，广泛组织大学生参与生产劳动、社会实践、军事训练、校园文化活动等教育实践活动，引导大学生进行自我教育和自我管理。各个高校组织学生参加参观访问革命老区，举办知识咨询、培训，公益劳动等活动，例如一些高校开展了“学雷锋，送温暖”公益活动、“人民送我上大学，我献知识为人民”咨询服务活动等，引导大学生在为人民群众服务中加强对民情社情的了解；北京大学等学校开展了“百村调查”活动，让大学生们通过实地调查深入了解改革开放以来农村的发展和变化等，此类活动加强了大学生与人民群众的联系，使他们亲身感受到了改革开放给国家和人民带来的勃勃生机，加深了他们对十一届三中全会以来党和国方针、路线的理解，并对改革开放下的中国国情的发展变化有了更全面的认识。

（四）大学生爱国主义教育在严峻考验中努力开创新局面

这一时期，党和国家采取了多种措施，促进大学生爱国主义教育取得了明显的成绩。但与此同时国际上社会主义与资本主义意识形态的斗争相当激烈，国际国内环境十分复杂，大学生爱国主义教育也在严峻考验中努力开创新局面。

1. 大学生爱国主义教育经历严峻考验

十一届三中全会以来，在我们党总结中华人民共和国成立以来的经验教训的同时，一些错误思潮也开始蔓延起来。这些错误思潮充斥着对党和国家的领导人、党的领导、社会主义制度、中华民族的历史和文明等的歪曲、丑化和诋毁，但由于其打着反思历史、探索改革和忧患意识的旗号，容易使人们特别是缺乏历史知识和理论素养的青年学生产生共鸣。这些错误思潮的泛滥在部分人民群众和青年学生中造成了一定的思想混乱。

2. 进一步加强党对大学生爱国主义教育的领导

大学生爱国主义教育能否落实当代中国爱国主义“爱党、爱国、爱社会主义高度统一”的本质要求，能否以及时有效的爱国主义教育消除思想混乱，引导大学生牢固树立大学生对党的领导和社会主义制度的信心，关乎整个社会的和谐稳定，关乎中国特色社会主义事业的未来。大学生爱国主义教育要始终坚持正确方向并落到实处，就要加强和改进党对大学生爱国主义教育的全面领导，坚持不懈地把大学生爱国主义教育作为高校思想政治工作的主旋律，坚持不懈地把学校教育作为促进学生全面发展、培育学生爱国情感、加强社会主义和集体主义教育的坚强阵地。1989 年 7 月 10 日，中共中央、国务院转发国家教委《关于当前高等学校工作中几个问题的意见》的通知，指出培养什么样的人始终是教育战线的根本问题。各级党委、政府和教育部门要切实加强对高等学校工作的领导，把坚定正确的政治方向放在教育工作的第一位，坚持社会主义方向，要真正把高等学校办成培养社会主义接班人的坚强阵地。1990 年 5 月 3 日，江泽民同志在首都青年纪念五四运动 71 周年报告会上发表《爱国主义和我国知识分子的使命》的重要讲话，再次旗帜鲜明地指出，在当代中国，爱国主义与社会主义在本质上是统一的，爱国主义与人民民主即社会主义民主在本质上也是统一的；在新的历史条件下继承和弘扬爱国主义传统，需要在全国人民特别是广大青年中广泛地进行爱国主义教育。[1] 在实践中，各个高校按照中央要求和江泽民同志关于爱国主义教育的重要论述精神，从思想建设、政治建设和队伍建设等各方面加强了党的建设和党的领导，切实强化大学生爱国主义教育的组织保障。

3. 多项并举，促进大学生爱国主义教育呈现良好局面

面对由于社会上错误思潮泛滥和精神污染引发的严重后果，党中央及

[1] 参见《江泽民文选》(第 1 卷)，北京：人民出版社 2006 年版，第 121-123 页。

时总结经验教训，深刻认识爱国主义教育在精神文明建设的基础作用，采取多种措施促进大学生爱国主义教育重新呈现良好局面。

第一，在全社会大力加强爱国主义的主旋律教育，进一步在解放思想中统一思想，促进社会主义精神文明建设。事实证明，是否在全社会坚持弘扬爱国主义的主旋律，事关党和国家的前途命运，事关社会主义的兴衰成败。爱国主义作为中华民族的精神基因，从古至今都是中国社会上的主导社会意识，具有最广泛的民族文化心理和社会舆论基础，具有最强大的精神动力、精神凝聚和精神保证功能。尤其是中华人民共和国成立以后，以爱党、爱社会主义为核心的当代中国爱国主义是指引所有中华儿女团结奋进的伟大精神力量。因此，在改革开放过程中面对多样的社会思想观念和价值取向，更加要有针对性地开展和加强与社会主义、集体主义、国际主义相结合的爱国主义教育，在全社会形成以崇尚爱国主义、实践爱国主义为荣的价值追求和思想共识，以有效引领社会思潮的发展方向，促进学校爱国主义教育的有效开展。面对 20 世纪 90 年代复杂的国际形势和艰巨的国内改革和建设任务，党中央提出，要坚决克服在两个文明建设上“一手硬、一手软”的现象，必须广泛深入地进行爱国主义、集体主义和社会主义教育，振奋民族精神，改善社会风气，保证改革开放和经济建设健康发展[1]。

第二，加强教师队伍建设。高校培养具有正确政治方向和深厚爱国情怀的“四有”新人，关键在教师。经过改革开放以来十多年的建设和发展，高等学校马克思主义理论课教师队伍力量有所增强，但仍然存在许多亟待解决的问题。1991 年 8 月 3 日，国家教育委员会在《关于加强和改进高等学校马克思主义理论教育的若干意见》中对当时高校马克思主义理论课教师队伍存在的问题进行了全面总结，指出教师数量不足、年龄结构不合理、政治和业务素质参差不齐、稳定性欠缺等问题，影响和制约了高校思想政治教育的实际效果。因此，采取切实有效的措施，稳定、充实教师队伍、提高教师队伍综合素质，是一项十分紧迫的根本任务。国家教委采取建设教师培训基地，采取举办中短期青年教师进修班、骨干教师培训

[1] 参见《十三大以来重要文献选编》(中)，北京：中央文献出版社 2011 年版，第 737 页。

班、深入社会实践、生产一线等形式加强对新师资的培养，提高现有教师队伍的水平。同时党中央制定出台了一系列思想政治教育教师队伍建设的政策法规，使思想政治教育教师队伍建设走上了法制化、规范化的轨道，采取各种激励政策激发高校思想政治教师队伍的积极性，努力建设一支始终坚持党的路线，具有良好的爱国情操、深厚的理论修养和知识素养，愿意为大学生思想政治教育担当奉献的师资队伍，引领大学生走爱国奉献的成才之路。

第三，以加强四项基本原则教育和反对资产阶级自由化为核心，全面提高学校爱国主义教育的针对性和实效性。改革开放以来，邓小平多次强调要加强改革开放的教育，尤其要搞好坚持四项基本原则的教育和反对资产阶级自由化的教育。但在实践中遭遇的挫折，暴露了学校爱国主义教育工作的薄弱环节和不足之处，迫切要求增强四项基本原则教育的一贯性和长期性，极力增强反对资产阶级自由化教育的透彻性，对各种社会乱象和错误思潮予以坚决的驳斥和破解。1989 年 11 月，党的十三届五中全会通过了《中共中央关于进一步治理整顿和深化改革的决定》，要求把坚持四项基本原则、反对资产阶级自由化的教育和斗争长期进行下去，绝不能半途而废。大学生正处在思想发展逐步走向成熟的阶段，在改革开放的新的历史阶段，他们对集体和个人、奉献与索取、开放与西化等问题存在着种种矛盾的思考，从而给一些错误思潮带来可乘之机，带来大学生价值观和思想观念的混乱。这时正是需要以深入、持久的爱国主义教育对其进行思想引领的时候。通过加强四项基本原则教育，有利于从根本上增强大学生的理论认知，帮助他们树立正确的国家观和历史观，增强其识别和抵制各种错误观念、错误思潮侵袭的能力。而反对资产阶级自由化，更要旗帜鲜明地与其斗争，以透彻的理论和铮铮的事实揭穿其西化、分化中国的本质，培养大学生的思辨能力，引导他们的思想走向积极、正确的方向，对改革开放的历史渊源、时代背景、目的意义等形成正确理解；促进他们形成理性的而不是偏激的爱国情感，形成科学的世界观、人生观和价值观。

三、蓬勃发展阶段（1994.08—2012.09）

党的十三届四中全会以来，以江泽民同志为核心的党中央领导集体把爱国主义教育摆在更加突出的位置，针对20世纪90年代以来国际国内各方面迅捷发展的新形势，对爱国主义作为民族精神核心的重要地位和重要功能进行了科学论述，推动新的历史条件下大学生爱国主义教育的蓬勃发展。1992年10月12日，党的十四大明确提出建立社会主义市场经济体制的目标和任务，开启了改革开放和社会主义现代化建设的新阶段。为了团结带领全国各族人民努力发展社会主义市场经济和建设社会主义现代化国家，1994年8月，中共中央印发了《爱国主义教育实施纲要》，在对前一阶段爱国主义教育的经验教训进行充分总结的基础上，对新的历史条件下如何开展爱国主义教育提出了行动纲领，指出青少年始终是爱国主义教育的重要对象。进入21世纪以后，以胡锦涛同志为主要代表的中国共产党人，始终把大学生爱国主义教育作为培养中国特色社会主义事业建设者和接班人的重要途径和必然要求。2004年8月，党中央和国务院颁发的《关于进一步加强和改进大学生思想政治教育的意见》（以下简称“16号文件”），再次强调爱国主义教育在大学生思想政治教育中的重要地位和重要作用，为新世纪继续加强和改进大学生爱国主义教育提供了政策指引和坚实保障。

（一）为社会主义市场经济体制的建立和发展培养高素质人才

面对新的形势任务，发展教育和培养人才是国家各项发展战略得以落实的前提和保障，高等教育面临着前所未有的发展机遇，大学生爱国主义教育也必须为社会主义市场经济建设和发展培养人才和组织力量。

1. 大学生爱国主义教育面临社会主义市场经济条件下的新形势

建设社会主义市场经济，是在社会主义制度下运用市场经济来发展生产力，是在中华人民共和国建设史上前无古人的探索和创新，必须以坚持党的领导为政治保证，以培养高素质的公民和人才为基础，将人才资源看作第一资源。1994 年 6 月，江泽民同志在全国教育工作会议上强调：“社会主义市场经济体制的建立和现代化的实现，最终取决于国民素质的提高和人才的培养”[1]。大学生爱国主义教育作为最基本的素质教育，必须积极主动、灵活多样地适应社会主义市场经济，发挥其价值整合、精神动力、思想保证、智力支持等多方面的能动作用，从而卓有成效地为经济建设和社会进步服务。步入 21 世纪之后，社会主义市场经济体制已经初步建立，我们国家确定了全面建设小康社会的宏伟目标，既向大学生爱国主义教育注入了巨大活力，也提出了更高的要求。2005 年 1 月，中共中央召开全国加强和改进大学生思想政治工作会议，胡锦涛同志指出大学生思想政治素质事关党和国家的前途命运，新世纪的大学生们成长于改革开放伟大时代，对党和国家充满热爱，对实现全面建设小康社会充满信心，但在社会主义市场经济和扩大对外开放的条件下，在各种相互激荡的思想文化的影响中，其思想活动的多变性和差异性也明显增强，因此必须坚持“以爱国主义教育为重点”[2]，通过坚持国家利益和人民利益至上的大学生爱国主义教育，引导大学生在社会主义市场经济条件下坚持为人民服务、为社会主义事业奉献的价值观，防止社会上部分人把社会主义市场经济的概念泛化、异化，或者简单化和庸俗化，校正市场经济条件下多样化存在可能导致的认识偏差和行为失范，避免巨大竞争和发展不平衡等问题可能引起的心理失衡和离心倾向，促进大学生能力素质的提升和全面发展，为坚持和发展中国特色社会主义、全面建设小康社会培养高素质人才。

2. 全球化加快发展使大学生爱国主义教育面对双刃剑效应

20 世纪 90 年代以来，随着科技革命的飞速发展，全球化的进程日益加快。特别是进入 21 世纪之后，各个国家间的跨国界交往更加频繁，社会生活各个领域，尤其是民族经济的全球融合更加深入，使得大学生爱国主义教育面临全球化深入发展的双刃剑效应。经济全球化对于中国经济的发展有着重要的意义，是促进当代中国经济实现跨越式发展的必然选择，但

---

[1] 《江泽民文选》(第 1 卷)，北京：人民出版社 2006 年版，第 369 页。

[2] 教育部思想政治工作司：《加强和改进大学生思想政治教育重要文献选编（1978—2014)》，北京：知识产权出版社 2015 年版，第 265 页。

是经济全球化也加剧了国际竞争的不平等和不平衡性，我们国家作为发展中国家，在参与全球经济合作和竞争的过程中也必然会面临来自经济领域、政治领域和文化领域的各种挑战。一些西方国家力图通过经济全球化大肆渗透和传播西方资产阶级的生活方式、思想文化和社会制度，各种各样的非社会主义思潮和多元化的价值取向使得民族国家观念被极大地冲击，客观上淡化了一些人的爱国主义思想，弱化了民族意识和国家观念。在这种情况下，必须充分发挥社会主义爱国主义的精神动力和方向指引作用，才能在全球化进程中引导人们正确认识和坚定捍卫国家和民族利益。这就对大学生爱国主义教育提出了怎样对学生加强国家主权观、利益观和安全观的教育的问题；提出了怎样立足我国发展实际和民族文化根源，引导学生辩证看待和取舍外来文明的长短优劣，学会正确处理热爱祖国与关心世界、维护国家利益与促进共同发展之间的关系的问题等。总之，经济全球化在给部分民众的爱国主义观念带来冲击和影响的同时，也拓展和深化了大学生爱国主义教育的内涵和价值。

3. 信息化时代的到来为大学生爱国主义教育带来机遇与挑战

这一时期，互联网信息技术高速发展并日益普及，对世界各个国家发展和人类交往模式带来深刻变革，对人们的思想观念和生活方式产生巨大的影响，同时也带来一系列无法回避的严峻挑战。一方面，网络的发展扩大了大学生爱国主义教育的场域。互联网即时性、开放性、交互性的特征，使其在传递知识、信息方面具有无可比拟的强大功能，在客观上为大学生爱国主义教育提供了新的载体和海量资源。另一方面，互联网的虚拟性、无边界性也削弱了人们的国家地域观念和民族国家的政治文化。网络加速了世界一体化的进程，凭借便捷、虚拟的网络为载体，人们的生活和交往跨越了时空的界限，增强了人们作为地球村村民的意识，但是也相应地削弱了他们原有的国家地域观念，使民族国家政治文化基础受到前所未有的冲击。同时由于西方发达国家在互联网技术发展的过程中已经占得先机，他们凭借着这一优势极力在互联网上向发展中国家和社会主义国家传播和渗透其意识形态和价值观念，网络空间日渐成为没有硝烟的意识形态战争的主战场，在一定程度上影响和消解了中国人民特别是青少年对国家政治文化的认同感，使大学生爱国主义教育面临更多影响因素。

(二) 颁布《爱国主义教育实施纲要》等纲领性文件

为了在新的历史条件下大力弘扬爱国主义，振奋民族精神，为发展社会主义市场经济和建设社会主义现代化国家凝聚全民族力量，1994 年党中央颁发的《爱国主义教育实施纲要》不仅明确了“爱国主义教育是提高全民族整体素质和加强社会主义精神文明建设的基础性工程”[1] 即爱国主义教育的重要地位和重大作用，还用专门的章节对青少年爱国主义教育进行了重点强调，对学校爱国主义教育提出了更具有针对性和操作性的指导意见，推动大学生爱国主义教育掀起了新高潮。2004 年 8 月，党中央、国务院颁发的“16 号文件”则是中华人民共和国历史上第一次以党中央和国务院的名义下发加强和改进大学生思想政治教育的专门文件，不仅把大学生思想政治教育作为事关国家前途和命运的战略工程，更特别强调要把爱国主义教育作为重中之重，推动大学生爱国主义教育在新世纪继续蓬勃发展。

1. 提供了大学生爱国主义教育的行动指南

1994 年党中央颁发的《爱国主义教育纲要》作为中国共产党爱国主义教育史上的一个里程碑，对中华民族爱国主义的内涵和重大作用作了科学论述，对建立社会主义市场经济的时代背景下如何切实有效地推进爱国主义教育进行了整体规划，是新阶段我们党开展爱国主义教育的重要纲领。《爱国主义教育实施纲要》坚持了党始终把青少年作为爱国主义教育重要对象的优良传统，强调既要通过课堂教学主渠道提高他们的爱国主义感情和觉悟，又要根据新形势新任务拓展其他有效载体，同时还要高度重视社会环境的育人功能。1994 年《中共中央关于进一步加强和改进学校德育工作的若干意见》(以下简称“德育工作若干意见”)、1995 年《中国普通高等学校德育大纲（试行)》(以下简称“德育大纲”）等重要文件相继出台，其中也对大学生爱国主义教育提出了许多新要求和新安排，规定了新

[1] 教育部思想政治工作司:《加强和改进大学生思想政治教育重要文献选编（1978—2014)》，北京：知识产权出版社 2015 年版，第 139 页。

时期大学生爱国主义教育的指导思想、教育目标、主要内容和基本原则，使大学生爱国主义教育的实践方略更加明确。2004 年 8 月党中央和国务院颁发的“16 号文件”及其若干配套文件中，对爱国主义教育在大学生思想政治教育中的核心地位和主要内容作出了明确规定，在加强课程建设、师资队伍建设、途径拓展等多个方面提出了具体要求，为大学生爱国主义教育提供了坚实保障。这些纲领性文献，从根本上保障了大学生爱国主义教育的组织领导和重要地位，明确要求大学生爱国主义教育要服务于建立和发展社会主义市场经济，要引导大学生坚持跟着党走中国特色社会主义道路。始终坚持重在建设和坚持开放的方针，从理论和实践两方面促进大学生爱国主义教育的发展进步。

2. 强化了大学生爱国主义教育的重要地位

建立和发展社会主义市场经济的过程中，意识形态和思想观念的多样化，同社会存在的多样化是同步的。但是社会主义市场经济渴求的、社会主义大学造就的不是唯利是图的金钱奴隶，而是社会主义的“四有”新人。坚持引导大学生弘扬和践行爱国主义、集体主义和社会主义的主旋律，和社会主义市场经济坚持以公有制为基础相一致的，是坚持社会主义办学方向和倡导社会主义意识形态的必然要求，也是大学生爱国主义教育重要作用的充分体现，从根本上决定了大学生爱国主义教育的重要地位只能加强不能削弱。因此，在 1999 年 6 月召开的第三次全国教育工作会议上，江泽民同志再次强调：“不断增强学生和群众的爱国主义、集体主义和社会主义思想，是素质教育的灵魂。”[1] 明确指出大学生爱国主义教育是一项灵魂塑造工程。大学生作为科学技术这个“第一生产力”的潜载体，他们的素质如何，不仅关系到社会主义市场经济的健康发展，更关系到国家和民族的未来，而这一素质的根本和核心，首先在于他们是否具有正确、坚定、理性的爱国思想和情怀。进入新世纪以后，党中央、国务院颁发的“16 号文件”明确指出了加强和改进大学生思想政治教育的重点任务，强调在新世纪坚持和发展中国特色社会主义的历史进程中，要始终把大学生看作国家和民族的希望，培养党的事业的接班人。既要通过大学生

---

[1] 《江泽民文选》（第 2 卷），北京：人民出版社 2006 年版，第 332 页。

爱国主义教育引导大学生继承和发扬中华民族的优良传统和民族精神，发扬党领导人民在长期革命斗争中形成的革命精神和道德风尚，也要引导他们关注中国特色社会主义事业的实践土壤，根据时代发展需要培养改革精神、创新精神和爱国情怀，培养全面发展的高素质人才。总之，这一阶段党和国家根据时代任务的变化和爱国主义发展的要求，在始终把大学生爱国主义教育作为高校思想政治工作主旋律的基础上，与时俱进地提升了大学生爱国主义教育在整个思想政治教育和爱国主义教育体系中的地位。

3. 明确了大学生爱国主义教育的具体任务

《爱国主义教育实施纲要》明确指出开展爱国主义教育的目的，是要振奋民族精神，培育“四有”公民，把人民群众的爱国热情凝聚到中国特色社会主义事业上来，为祖国统一、繁荣和富强多做贡献。[1] 内在规定了大学生爱国主义教育的具体任务，即要将大学生培养为有理想、有道德、有文化、有纪律的社会主义新人，要振奋大学生的民族精神、激发他们的爱国热情，更要引导他们将这种精神和热情熔铸为团结一心、振兴中华的磅礴力量和实际行动。大学生正处于世界观、人生观、价值观逐步成型和长知识长才干的旺盛时期，过去一段时间大学生爱国主义教育所经历的挫折，也再次提醒我们，人的正确的思想不会自发地产生，高度的民族自信心和奋发图强的民族精神，需要进行塑造和培育；以热爱党和社会主义为统一的爱国主义思想，也需要正确引导和精心灌溉。随着《爱国主义教育实施纲要》的深入实施和素质教育的全面推进，各个高校坚持把爱国主义教育作为素质教育的关键环节和基础内容，积极探索大学生爱国主义教育的有效路径，对于培养社会主义“四有”新人发挥了重要作用。进入21世纪以后，随着各个国家间竞争的日趋激烈，世界范围内的各种思想文化的相互激荡，也为大学生爱国主义教育不断提出新任务和新挑战，党中央、国务院“16号文件”指出，当代大学生热爱祖国、热爱党和人民，对中国特色社会主义事业的广阔前景也充满了信心，但在新的历史条件和重重考验中促进大学生全面发展，培养党和国家事业所需要的青年人才，始

[1] 参见教育部思想政治工作司：《加强和改进大学生思想政治教育重要文献选编（1978—2014)》，北京：知识产权出版社2015年版，第139页。

终牢牢掌握国家发展和稳定的主动权，必须高度重视社会主义事业接班人的培养和塑造，再次指明了大学生爱国主义教育的使命任务。

（三）加强和改进大学生爱国主义教育

在党和国家的高度重视和各项重大举措的有力推动下，广大教育者不断探索和丰富大学生爱国主义教育的实施路径，大学生爱国主义教育得到了全面加强。

1. 大力加强大学生爱国主义教育的师资队伍建设

开展好大学生爱国主义教育既要抓好主体队伍建设，也要求高校所有教师都要积极承担育人职责。一方面，思想政治理论课是大学生爱国主义教育的主渠道，思想政治教育师资队伍建设情况，从根本上决定了大学生爱国主义教育的效果。这一阶段，在党中央一系列关于思想政治教育的政策法规中，对思想政治教育工作队伍的目标定位、师资结构、能力素质等提出了明确的要求。教育部根据要求组织实施了大学生思想政治教育队伍人才培养工程，组织高校思想政治教育骨干研修班，鼓励和支持从事思想政治工作的教育者和管理者攻读相关专业的硕士、博士学位，组织各种学习报告会、专题研讨会、社会考察等多种形式提高思政课教师思想政治素质、教学能力和科研水平，重点加强教师队伍的师德建设，重点建设高水平的辅导员、班主任队伍，从选拔机制、培养机制、管理机制等各方面落实具体的改革和完善措施，确保思政课能够高质量实施，确保各项教育教学目标能充分实现，使大学生爱国主义教育的师资力量得到了保障和加强。另一方面，加强全体教师的师德师风建设，提高教师队伍的师德水平和全面素质，这同样也关系到大学生爱国情怀的培育和健康成长。2005 年 1 月，教育部印发《关于进一步加强和改进师德建设的意见》，要求广大教师“要拥护中国共产党领导，拥护社会主义，热爱祖国，热爱人民；坚持正确的政治方向，拥护党和国家的路线、方针、政策，在大是大非问题上，立场坚定，旗帜鲜明”[1]。对广大教师师德建设的内容和形式提出了

---

[1] 教育部思想政治工作司：《加强和改进大学生思想政治教育重要文献选编（1978—2014）》，北京：知识产权出版社 2015 年版，第 287 页。

具体要求，各个高校采取有力措施强化师德教育，多渠道、分层次地开展各种形式的师德教育，引导广大教师以丰富的学识素养和教学能力教育引导学生，以高尚情操和人格力量感染影响学生。

2. 拓展了大学生爱国主义教育的时代内容

《爱国主义教育实施纲要》强调新时期开展爱国主义教育要坚持“三个有利于”的基本方针，以中华民族悠久历史、文化、基本国情、国家发展最新成就、党的基本路线、社会主义民主和法制、国防教育和国家安全教育、民族团结教育、“和平统一、一国两制”方针等为主要内容。党中央、国务院“16号文件”则在此基础上明确提出大学生爱国主义教育要深入进行弘扬和培育民族精神教育，并与改革创新为核心的时代精神教育有机结合起来。总的来说，这一阶段大学生爱国主义教育既继承了传统教育内容的精华，又根据时代要求不断拓展新内容。具体包括：

第一，紧跟党的理论创新步伐，加强大学生爱国主义教育的理论武装。党的十三届四中全会以来，以江泽民同志、胡锦涛同志为主要代表的中国共产党人，坚持用邓小平同志开创的中国特色社会主义理论武装全党，集中全党智慧先后形成了“三个代表”重要思想和科学发展观等重大战略思想，提出了关于大学生爱国主义教育的许多新思想和新要求，既为大学生爱国主义教育提供了根本理论指南，也丰富了大学生爱国主义教育的内容。

第二，开展中华人民共和国成立特别是改革开放以来辉煌成就的教育，同时让大学生了解国家尚存着许多需要改进的方面，引导他们正确看到社会主义现代化建设的长期性与艰巨性。重点对大学生进行“一个中心、两个基本点”的基本路线教育，社会主义民主和法治建设的新成就教育，通过理论联系实际，历史结合现实的教育，向大学生讲清楚中国特色社会主义道路的思想理论和战略部署等问题，引导大学生更加深刻地看待中国的发展实际，更清晰、更自觉地把中国的基本国情与全面建成小康社会的阶段目标联系起来思考，使大学生从党和国家发展取得的巨大进步中，树立前进的信心，激励大家奋起建设中国特色社会主义事业的积极性和创造性。

第三，开展中华民族悠久的历史文化教育，培育大学生的民族精神和时代精神。大学生爱国主义教育的重要目的，就是要振奋民族精神，凝聚和团结全国各族大学生，培养每一个大学生对民族和国家的深切的历史责任感和时代紧迫感，并形成强大的内在动力和民族意志力，坚定地为民族振兴而奋斗。在改革开放的时代浪潮里，伟大的中国人民和中华民族依托于中华优秀传统文化中的变革思想，秉承革故鼎新的社会发展思维，孕育形成了改革创新的时代精神，推动改革开放和中国特色社会主义伟大事业不断开创新局面。因此必须通过深入开展民族精神与时代精神相结合的教育，不断激发大学生的民族自强信念和实干品质。

第四，开展基本国情和形势政策的宣传教育。帮助大学生认清当代中国的基本国情，是引导他们认清国家建设和发展问题的根本依据。在创建和发展社会主义市场经济的过程中，必须引导大学生准确认识我国社会的性质、国家所处发展阶段等基本国情，在比较全面地了解不同阶段我国社会发展的大体状况和主要趋势的基础上，正确地了解党和国家制定具体政策的客观依据，了解建设中国特色社会主义的本质和目的。同时，要在做好国情教育的基础上，引导青年大学生及时关注世界格局变化、时代变迁和国家发展变化，学会用马克思主义的观点和方法来观察和分析形势，把握现阶段创立和建设社会主义市场经济、加大改革开放等政策和社会主义的内在一致性，坚决地执行党和国家的各项路线、方针和政策。

第五，开展维护民族团结和祖国统一、维护国家安全的教育。祖国的统一和民族的团结，是我国迈向光明的未来的坚实基础，也是大学生爱国主义教育的立足点和着眼点。党和国家充分把握 1997 年香港回归、1999 年澳门回归的重大契机，在全体大学生中间深入开展“一国两制”教育、促进祖国统一教育、民族团结教育，引导大学生自觉维护民族团结和祖国统一。在新的世纪，国际上各宗教极端势力的蔓延，境内外分裂势力相互勾结，对我国的民族团结和地区稳定造成了恶劣影响。为了做好新形势下的民族工作，维护祖国的统一和安全，党和国家在全社会大力弘扬爱国主义精神，引导各民族同胞牢固树立“三个离不开”思想。各个高校也广泛开展民族团结宣传，始终把维护民族团结和国家安全统一的教育作为大学生爱国主义教育的核心内容，引导大学生帜鲜明地与民族分裂分子作斗争。此外，根据现代国防的特点和要求，增强大学生的国防意识和国家安全意识，教育全体大学生同一切危害国家安全、损害国家尊严、出卖祖国利益的丑恶行为作斗争，自觉做捍卫祖国独立、维护国家主权和领土完整、捍卫国家尊严和利益的忠诚卫士。

第六，开展爱国主义的道德教育。这既是爱国主义道德规范的本质意蕴的内在要求，也是中华人民共和国大学生爱国主义教育的一贯内容。而发展社会主义市场经济，同样对建设与之相适应的社会主义道德体系提出了要求。进入21世纪以后，党中央明确提出了“爱国守法、明礼诚信、团结友善、勤俭自强、敬业奉献”20字公民道德基本内容，简明扼要地概述了每一名公民对国家、对社会、对他人、对事业的应有态度，明确规定成为社会主义合格公民的基本道德要求，对大学生爱国主义道德教育规定了重要内容。

3. 在“两课”改革过程中加强大学生爱国主义教育

1995年10月，国家教育委员会印发了《关于高校马克思主义理论课和思想品德课教学改革的若干意见》，提出要以《爱国主义教育实施纲要》和全国教育工作会议的有关精神，深化“两课”教学改革和建设，强调新时期“两课”要以爱国主义教育为重要内容，要“培养和弘扬民族自尊、自信、自强的爱国主义情感”[1]。要求各高校在本科专业中设置中国特色社会主义建设课程、中国革命历史课程、思想道德修养课程、形势与政策课程等，逐步形成功能互补、互相促进的“两课”体系。为了贯彻落实党的十五大精神，做好邓小平理论的“三进”工作，1998年6月，中宣部、教育部印发了《关于普通高等学校“两课”课程设置的规定及其实施工作的意见》(简称“98方案”)，提出要深入总结中华人民共和国成立以来思想政治课建设的经验，以及20世纪90年代以来思想政治课教学改革的成果，进一步加强“两课”课程建设，既要做好大学阶段思想政治课各门课程之间的衔接，也要注意与中学有关课程的衔接，更科学合理地统筹推进

[1] 教育部思想政治工作司:《加强和改进大学生思想政治教育重要文献选编(1978—2014)》，北京：知识产权出版社2015年版，第152页。

“两课”课程体系改革，要求“两课”课程的调整改革要有利于“系统地进行马克思主义基本原理和爱国主义、集体主义、社会主义的教育”[1]，对专科、本科、研究生和博士生的“两课”课程进行了全面调整，对理工类、文科类专业的具体课程设置和基本内容都进行了明确规定，要求在本专科全体学生当中均开设“马克思主义哲学原理”“毛泽东思想概论”“邓小平理论概论”“形势与政策”以及“思想道德修养”和“法律基础”课程，文科专业还要增设“当代世界经济与政治”课程。

2005年2月，为了落实党中央“16号文件”精神，中共中央宣传部、教育部联合发布《关于进一步加强和改进高等学校思想政治理论课的意见》(简称“05方案”)，指出高等学校思想政治理论课是对大学生进行思想政治教育的主渠道，在长期的发展过程中，思政课教育教学在取得很大成绩的同时，也存在面对新形势和新变化适应力不强，课程内容重复、教学方法单一、教学效果有待提高等问题，因此要高度重视新形势下加强和改进高校思想政治理论课的重要性，明确了四年制本科的思政课课程体系，除继续开设“形势与政策”课程以外，将之前根据“98方案”开设的相应课程调整改革为“马克思主义基本原理”，“毛泽东思想概论、邓小平理论和‘三个代表’重要思想概论”“思想道德修养与法律基础”，新开设“中国近代史纲要”，形成了内容充实、结构合理、相对稳定的新的思政课体系，为实现引导大学生正确认识世界大势和人类社会发展趋势，正确认识我国的基本国情和基本国策，正确认识自身肩负的历史使命，增强在党的领导下全面建设小康社会的自觉性和坚定性，实现大学生爱国主义教育的目标构建了核心渠道。

4. 开展形式多样的大学生爱国主义教育活动

第一，随着高校办学条件的持续改善和大学生精神需求的提高，校园文化活动的形式越来越丰富，校园文化活动日益成为大学生爱国主义教育的重要载体。自1994年8月中共中央下发的“德育工作若干意见”和1995年11月国家教委颁布的“德育大纲”等关于德育工作的重要文件开

[1] 教育部思想政治工作司：《加强和改进大学生思想政治教育重要文献选编（1978—2014）》，北京：知识产权出版社2015年版，第179页。

始，校园文化建设被写入中央文件和国家教委文件，为丰富大学生的精神生活，涵育大学生的爱国主义精神起到了极大的推动作用。具体来说，一是注重结合当今世界的发展变化和当代中国的深刻变革，结合推动科学发展、促进社会和谐的伟大进程，引导广大学生党员学习贯彻“三个代表”重要思想和科学发展观重要思想，组织他们参加党的先进性教育活动、创新争优活动等，提高学生党员的理论素养和党性修养。二是利用重大纪念日、重大历史事件和重大社会活动的时机，开展集中性、专题性的爱国主义教育活动。例如以香港、澳门回归为契机，各个高校广泛组织各种庆祝活动、文艺活动、学习讨论活动，引导大学生深刻理解“一国两制”的方针和香港回归祖国的重大意义，使他们充分认识到只有依靠中国共产党的领导，才能建立繁荣、富强、统一的国家。三是注意抓住有利于凝聚和激发民族精神的重大事件，例如2008年北京奥运会、2010年广州亚运会等重大体育活动、汶川大地震等重大自然灾害事件深入开展爱国主义教育主题活动。对航天精神、抗洪精神、抗击“非典”精神、抗震救灾精神、奥运精神等等中国精神谱系进行大力宣传，对培育大学生的爱国主义情感发挥了重大作用。四是充分运用现实、具体、生动的爱国主义教育素材，坚持贴近实际、贴近生活、贴近学生，采取灵活多样的形式，确保各项校园文化活动能够取得育人效果。例如教育部从2001年起开始，连续多年举办“五月的鲜花”全国大学生文艺汇演，全国高校组织大学生积极参与，以不同形式全面展现高校开展素质教育的丰硕成果，丰富大学生的精神生活，引领大学生齐声唱响爱国向上的青春之歌。

第二，开展以爱国主义为主题的社会实践活动。经过十多年的发展，社会实践活动已经成为大学生爱国主义教育的重要途径，成为大学生喜欢参与、热爱参与的具有鲜活生命力和感染力的爱国主义教育的重要形式。因此这一时期关于大学生爱国主义教育的一系列重要文件，都强调了要深入开展大学生社会实践活动，加强其制度化、规范化建设，使其发挥在新的形势下促进大学生成长成才的重要作用。1996年12月，中共中央宣传部、共青团、国家教育委员会印发了《关于深入持久开展大学生社会实践活动的几点意见》，明确提出：“要在实践中对学生进行生动活泼的爱国主义、集体主义、社会主义教育和改革开放形势教育”[1]，以提高大学生支持改革、维护稳定、珍惜国家和个人发展的重大机遇的觉悟，自觉地接受教育、增长才干、多做贡献。从1997年开始，中央宣传部等14部委联合开展了大学生“文化、科技、卫生”三下乡活动，把“三下乡”活动作为大学生社会实践活动的主要途径，极大地激发了大学生参加社会实践的积极性，时至今日仍然是大学生社会实践活动的主要内容。各个高校也积极贯彻“双向受益”的根本原则，广泛地组织大学生参加“三下乡”活动、开展普及科学文化知识、为群众提供科技文化服务、参加挂职锻炼、参加社会调查和志愿者社区服务等社会实践活动，使大学生在深入社会、深入基层的锻炼过程中，既深入地了解国情、社情、民情，提高自身爱国情感和社会责任感，明确自身发展方向，又为满足人民群众需要和服务社会做出了自己的贡献。作为“16号文件”的配套文件，2005年2月，中共中央宣传部等四部门联合印发的《关于进一步加强和改进大学生社会实践的意见》指出，广泛组织大学生参加社会实践对于引导大学生坚定跟着党走社会主义道路，增强实现民族复兴的历史使命感和信念信心，具有不可替代的重要作用[2]，各个高校按照文件要求审视大学生社会实践教育中的薄弱环节，增强对大学生爱国主义教育实践活动的重视程度，通过军事训练、社会服务、志愿活动、勤工助学、“红色之旅”学习参观等实践活动，把抓好传统优势项目和探索新的方法途径相结合，积极探索大学生爱国主义实践教育活动的长效机制。

第三，逐步探索大学生爱国主义教育网络新载体，开展大学生网络爱国主义教育活动。20世纪90年代，伴随着互联网的接入和网络的硬件建设快速发展，互联网逐渐成为新的信息交流平台，成为民众关心关注国家大事和社会动态的最重要场地，各种网络平台逐渐成为爱国主义表达的最主要途径。这一时期，网络教育的软环境尚未形成，走在网络前列的青年学生初次“触网”，对广阔网络空间具有强烈的新鲜感和好奇感，对大学

[1] 教育部思想政治工作司：《加强和改进大学生思想政治教育重要文献选编（1978—2014）》，北京：知识产权出版社2015年版，第173页。

[2] 参见教育部思想政治工作司：《加强和改进大学生思想政治教育重要文献选编（1978—2014）》，北京：知识产权出版社2015年版，第290页。

生的思想和行为带来了多重影响。迈入21世纪以后，随着网络技术的不断发展，各种校园BBS（网络论坛）和学生网站应运而生，全国共有200多所高校建立了各类“红色网站”，开辟了大学生爱国主义教育的新阵地。2000年9月，教育部印发了《关于加强高等学校思想政治教育进网络工作的若干意见》，提出要根据网络发展形势推动网络思想政治教育的发展，加强对网络载体的认知和运用。2002年之后，随着QQ、BLOG等即时通信软件开始广泛流行，自媒体时代悄然到来，促进了大学生爱国主义思想在网络上的个性化表达，也拓宽了爱国主义教育的网络载体。例如燕山大学马克思主义学院举办的“红色旋律”主题学习活动，就率先通过QQ群与参与者进行双向互动，取得了良好的活动效果。根据网络空间发展的新形势和新任务，2004年中共中央下发的“16号文件”也对网络思想政治教育进行了部署，强调要在形式、内容、队伍等各方面加强建设，主动占领思想政治教育的网络阵地。这一时期，各个高校开展网络爱国主义教育的阵地意识和方法、载体等逐步提升和拓展，如重庆大学宣传部主办的“红色讲坛”专栏、青海大学“形势与政策”主题教育博客、北京大学“红旗在线”网站等都是对网络爱国主义教育的有益探索。

（四）大学生爱国主义教育在承接历史传统和契合现实需求中向前发展

这一阶段，党和国家加强对社会主义市场经济条件下大学生爱国主义教育的探索，坚持在巩固中改进，在改进中提高，促进爱国主义、集体主义和社会主义思想深入大学生的内心，推动大学生爱国主义教育在承接历史传统和契合现实需求中向前发展。

1. 大学生爱国主义教育的科学化水平进一步提高

第一，党和国家不断加强对大学生爱国主义教育的顶层设计，为大学生爱国主义教育提供了科学指南。从20世纪90年代开始，党中央不仅出台了《爱国主义教育实施纲要》等爱国主义教育的专门性、纲领性文件，加强对青少年爱国主义教育和学校爱国主义教育的政策支持和具体指导；还在《关于加强高等学校党的建设的通知》《中国普通高等学校德育大纲

(试行)》《关于加强和改进大学生思想政治教育的通知》等一系列有关高校党建、德育、思想政治教育的文件中对大学生爱国主义教育作出明确的规定，提出了更为具体的指导意见，为大学生爱国主义教育提供政策保障和有利条件，促进了大学生爱国主义教育体系的整体发展，无论是教育目标任务、具体内容、载体手段都得到了丰富和发展，提高了爱国主义教育对大学生的吸引力和感召力。第二，大学生爱国主义教育理论研究水平的提升，进一步提高了大学生爱国主义教育的科学化水平。一方面，中国共产党爱国主义思想体系的不断丰富和发展，充实了大学生爱国主义教育的理论指导和教育内容，为大学生爱国主义教育的科学发展奠定了良好基础。江泽民同志提出了爱国主义是中华民族精神核心的科学论断，把以爱国主义为核心的民族精神教育纳入了国家治理的视野。胡锦涛同志也在多个场合对爱国主义在民族精神中的核心地位、重要价值、本质要求、践行路径等进行了全面论述，促进了整个爱国主义思想体系的时代化和理论化，推动了大学生爱国主义教育科学化水平的提高。另一方面，随着党和国家对大学生爱国主义教育重视程度的不断提高，尤其是各种纲领性文件的出台，使大学生爱国主义教育的理论研究和应用研究都获得了空前重视并取得了丰硕的研究成果，推动了大学生爱国主义教育实践的科学发展。第三，胡锦涛同志在党的十七大报告中阐明了科学发展观的深刻内涵，随后党和国家在全面深入地学习和践行科学发展观的过程中，在包括大学生爱国主义教育在内的思想教育领域确立了以人为本的原则，推动了大学生爱国主义教育的科学化发展。以人为本的爱国主义教育原则，是顺应青年大学生对更美好的生活向往、更和谐的社会氛围、更强大的国家实力的美好追求，从而有利于大学生自身发展进步的爱国主义价值观。这一原则的确定，明确了爱国主义教育要以尊重大学生主体地位，尊重大学生的实际需要和切身利益，把为大学生解决思想问题和实际问题作为重要切入点，以更加贴近实际、贴近生活、贴近学生的方法手段开展爱国主义教育，提高了大学生爱国主义教育的实际效果。

2. 大学生爱国主义教育的开放性进一步提高

改革开放和社会主义市场经济在给中国经济社会注入巨大活力的同

时，也推动了当代中国爱国主义的文化转型，迫切要求大学生树立更加开放创新的爱国观。在近代历史上，我们的爱国主义实践总是包含着紧密联系的两个重要内容，一方面是对民族生死存亡的历史责任感，另一方面是敢于“睁眼看世界”，谋求国家的革新与进步。如果我们不敢学习外国的先进事物，又怎么能把马克思主义的普遍真理与中国的实际相结合，把中国人民的革命斗争与世界人民反侵略反压迫的斗争相结合，最终求得祖国的独立和解放呢？伴随着市场经济发展，我们国家参与经济全球化的程度越来越深，在世界经济发展过程中所起的影响和作用也越来越大，爱国主义也表现出前所未有的巨大包容性。大学生爱国主义教育作为一个开放系统，其理论和实践也必然随着党的理论创新和事业发展而不断发展，并在不断开放发展的过程中呈现出生动而丰富的内容。从大学生爱国主义教育的目标和任务上来讲，经济全球化不仅推动了不同经济的互动，而且在更深更广的范围内带来了不同文化、不同文明的相互激荡，尤其是随着中国加入世界贸易组织等更深层次更广泛地融入全球化进程，如何引导大学生立足民族又放眼世界，正确认识中国文化与外部世界的价值关系，必定要成为大学生爱国主义教育的重要主题。因而这一阶段的大学生爱国主义教育既坚持立足于中国的实际，引导大学生不断巩固民族观念和国家立场，又反对狭隘的民族主义、反对极端的民族主义，培养大学生开放包容的精神品格，树立与国家开放格局相匹配的世界观念与国际意识。

3. 注重以爱国主义氛围涵育大学生爱国主义精神

第一，抓住有利时机开展爱国宣传教育活动，大力弘扬培育爱国主义精神。每逢重大历史事件、重大纪念日、重要节庆日，例如国庆节、香港回归、澳门回归、纪念党的十一届三中全会20周年等时间节点党中央都会组织开展一系列庆祝或纪念活动，表彰为维护民族团结和促进国家统一、为改革开放事业作出贡献的先进集体或个人，通过各种形式积极宣传社会主义建设事业的成就。例如在国庆50周年期间，中宣部等六个部门举办了“光辉的历程——中华人民共和国成立50周年成就展”，以展览的形式浓缩了中华人民共和国半个世纪的不平凡道路，展示了中华人民共和国半个世纪的不平凡成就，对包括大学生在内的广大群众进行了富有成效的爱国主义宣传教育。第二，大力弘扬和培育民族精神，发展和践行时代精神。运用 1998 年抗洪抢险、抗击“非典”斗争、2008 年北京奥运会等重大事件作为振奋民族精神、激发爱国情感的现实教材；大力宣传富有爱国主义精神的先进人物和事迹，例如“抗洪英雄”高建成、“海空卫士”王伟、“航天英雄”杨利伟等英雄模范人物，为爱国主义的道德规范和价值取向树立典型示范，使以爱国主义为核心的民族精神和时代精神成为中华民族的凝聚力之源，激发了大学生奋发图强的精神动力。第三，大力依托爱国主义教育基地开展形式多样的爱国主义教育活动。近代中国一个多世纪的革命历程，保存和遗留了极其丰富的革命文物，是生动开展爱国主义教育的历史遗产和精神财富。从 20 世纪 90 年代起，党和国家高度重视爱国主义教育基地建设，根据时代要求不断丰富爱国主义教育基地的教育内容和教育形式，促进遍布全国各地的爱国主义教育基地在开展大学生爱国主义教育的过程中充分活起来，成为各个高校开展爱国主义教育的实践平台和校外课堂。

第三章　新时代大学生爱国主义教育的创新发展

2012年10月，党的十八大胜利召开，中国特色社会主义进入了新时代。党的十八大以来，习近平总书记高度重视大学生爱国主义教育，多次在不同场合对大学生爱国主义教育作出重要论述，对新时代大学生爱国主义教育提出了许多新思想、新安排和新部署，为进一步推动大学生爱国主义教育深化发展提供了理论和实践遵循，引领大学生爱国主义教育实现全面创新发展，取得了显著成效。

一、大学生爱国主义教育处于新的时代方位

新时代，要培养大学生成为走在时代前列的奋进者、开拓者和奉献者，必须坚持把大学生爱国主义教育作为立德树人的有力抓手和永恒主题，正确认识新时代的时代方位及其对大学生爱国主义教育提出的全新要求。

（一）培养走在时代前列的奋进者、开拓者和奉献者的现实需要

要实现党的十八大提出的“两个一百年”奋斗目标，实现中国梦，“必须依靠知识，必须依靠劳动，必须依靠广大青年。”[1] 新时代的大学

---

[1] 《中共中央组织部、中共中央宣传部关于在广大知识分子中深入开展“弘扬爱国奋斗精神、建功立业新时代”活动的通知》，《人民日报》2018年8月1日。

生，在第一个百年奋斗目标实现时，正值人生的宝贵青春年华，到第二个百年奋斗目标实现时，很多人还在工作岗位上奋斗。这就是说，新时代的大学生将全过程参与实现“两个一百年”奋斗目标的历史征程，他们不仅是新时代国家各项事业发展的新鲜血液，还将成长为推动中国式现代化如期实现的中坚力量。习近平总书记高度重视青年人才的培养工作，反复强调青年是全面建成小康社会的生力军和突击队，必须要加大力度开展好大学生爱国主义教育，提升大学生的精神境界和爱国追求，引领他们为全面建成小康社会努力奋斗，始终勇立时代潮头。2014 年 5 月 4 日，习近平总书记在北京大学师生座谈会上提出，广大青年要在党的领导下，勇做走在时代前列的奋进者、开拓者和奉献者。[1] 因此，在新的历史条件下继续深入、持久、生动地开展好大学生爱国主义教育，培养时代所需、党和国家事业所需的青年人才，是一项极端重要的战略工程。这一时期大学生爱国主义教育的现实任务，就是要全面贯彻党的教育方针，从战略高度全面审视和改进大学生爱国主义教育，系统谋划、主动应对、积极作为，引导大学生正确认识中国梦的实践本质，正确认识夺取全面建成小康社会伟大胜利对于实现中国梦的重大意义，引领大学生弘扬和践行爱国精神、坚定必胜的信心信念，搏击实现中华民族伟大复兴的时代浪潮。

（二）大学生爱国主义教育是弘扬爱国主义精神的永恒主题

2015 年 12 月，习近平总书记在中共中央政治局第二十九次集体学习时，全面论述了当代中国爱国主义的鲜明主题和重大作用，充分回顾了中国共产党团结带领全国各族人民所进行的爱国主义的伟大实践，提出在新的时代条件下弘扬爱国主义精神要做到“五个必须”，集中阐明了新时代弘扬爱国主义精神的根本要求和关键问题。根据这一讲话精神，2016 年 1 月，中共教育部党组下发了《关于教育系统深入开展爱国主义教育的实施意见》，其中分五个部分对习近平总书记提出的“五个必须”思想进行了深入、全面的阐释，强调深入开展爱国主义教育不仅是各级各类学校立德

---

[1] 参见习近平：《习近平在北京大学考察时强调：青年要自觉践行社会主义核心价值观 与祖国和人民同行努力创造精彩人生》，《人民日报》2014 年 5 月 5 日。

树人和深化教育教学改革的关键内容，同时也是培养社会主义建设者和接班人的内在要求，为高校深入贯彻落实习近平总书记重要讲话精神提出了明确要求，推动大学生爱国主义教育与时代同频共振、呈现新的气象。2019年11月，中共中央、国务院印发《新时代爱国主义教育实施纲要》(以下简称《新时代纲要》)，再次彰显了党中央对新时代爱国主义教育的高度重视。《新时代纲要》既继承了《爱国主义教育实施纲要》中的优良做法，坚持把青少年作为新时代爱国主义教育的重点对象，又将习近平总书记关于爱国主义教育的一系列重要指示作为贯穿全文的主线，将“五个必须”思想融入其中的总体要求部分，将实现中华民族伟大复兴的宏大主题与新时代爱国主义教育的基本内容、载体手段、氛围营造等具体叙事紧密观照，体现了爱国主义教育守正创新的重要发展原则，为加强和改进新时代大学生爱国主义教育提供了新的实践遵循。

(三) 大学生爱国主义教育面临日趋复杂的国际国内形势

新时代，世界仍然处于和平与发展的时代，也处于全球化呈现全新特点的时代，经济全球化带来的各个国家之间的交流与融合，在形构“你中有我，我中有你”的人类命运共同体的同时，单边主义、冷战思维、右翼势力、民粹主义等有所抬头，资本主义和社会主义的斗争必然是一个长期而严峻的过程，两种制度在合作中斗争和在斗争中合作势必成为一种常态，中华民族实现伟大复兴中国梦的征程必然充满了艰难险阻。西方国家面对日益强大的中国，极力通过各种形式的舆论战、贸易战、科技战等加紧实施遏制中国发展的战略，把思想文化和意识形态渗透的重点放在青年一代身上，一刻也没有放弃对中国的“和平演变”和联合围堵。从国内来看，改革开放40多年来，中国经济一直保持着高速发展的态势，综合国力和人民生活水平实现跨越式提升，既处在国家发展的高起点上，也处于改革开放的深水区和攻坚区。在意识形态领域，包括新自由主义、西方宪政民主、“普世价值”、历史虚无主义等社会思潮在社会上此起彼伏，在青年大学生中也产生了不同程度的影响。从新时代大学生群体本身来看，他们来自不同区域、不同社会阶层、不同家庭背景，是一个数量巨大且十分复杂的群体，要提高大学生爱国主义教育的实效，必须充分掌握大学生的思想状况、心理结构、代际特征等。面对复杂的形势和教育对象的新特点，着力培育大学生的爱国情怀、健全人格、综合素质和社会责任感，不仅要引领大学生积极主动地融入世界历史进程中，创造性地运用世界上一切优秀的文明成果，也必须始终高度警惕西方国家在经济、政治、文化、外交等各方面频频发起的挑战和干扰，始终高度警惕意识形态领域的“和平演变”，引领大学生正确认识我国国情的阶段性特征，牢固树立社会主义共同理想，坚定不移地走和平发展道路，坚定不移地做好自己的事，朝着党和国家的既定目标胜利迈进。

（四）网络空间成为大学生爱国主义教育的重要阵地

基于互联网技术的迅速发展，这一时期各种自媒体和新媒体也广泛兴起，打破了媒介、时域、地域、人与人之间的壁垒和边界，极大地提高了信息存储和传播的容量与效率，传播内容也呈现出多样化、复杂化、碎片化的特点，在很大程度上形塑着人们的思想和价值观念。大学生作为互联网应用最为广泛的群体之一，已经被互联网从根本上改变了他们的思想观念、行为模式和兴趣爱好。在互联网上，不同国籍、不同意识形态的人们随意交流，肆意发表个人政见和对时局的看法，舆论交锋复杂而又真假难辨，“受众主导性”的内容创作和传播模式，也使各种信息泥沙俱下，网络舆论监管的难度越来越大。同时西方发达国家更是凭借其话语霸权和互联网霸权，大肆对世界各国进行文化渗透，兜售其意识形态，企图以此对社会主义国家的人民尤其是青少年进行演变和颠覆。网络空间舆论生态的日益复杂，也在更大程度上方便了错误思想观点在此集散，一些有损于民族团结、祖国统一、中国特色社会主义建设的言论也通过网络发酵和传播。虽然经过过去十多年的探索和发展，占领大学生网络爱国主义教育的阵地意识也逐渐深入人心，但互联网发展的速度之快和普及之广使其“已经成为舆论斗争的主战场”[1]，也对大学生网络爱国主义教育的有效开展

---

[1]《习近平在全国宣传思想工作会上强调 胸怀大局 把握大势 着眼大事 努力把宣传思想工作做得更好》，《人民日报》2013 年 8 月 21 日。

提出了更高的要求，大学生爱国主义教育的组织者和教育者们必须更快转变观念，进一步树立互联网思维，提高互联网传播阵地建设的能力和本领，积极探索大学生网络爱国主义教育的有效途径。

二、新思想引领大学生爱国主义教育创新发展的根本方向

新时代孕育新思想，新思想引领新发展。面对新时代提出的新课题和新情况，习近平总书记提出了一系列关于大学生爱国主义教育的新思想新观点，成为习近平新时代中国特色社会主义思想的重要组成部分，科学回答了新时代大学生爱国主义教育的重大理论和实践问题，为新时代大学生爱国主义教育明确了根本方向、时代主题、具体内容等重要遵循。

（一）坚持爱国和爱党、爱社会主义相统一的本质要求

当代中国爱国主义“坚持爱国和爱党、爱社会主义相统一”[1] 的现实要求，不仅是实现中华民族伟大复兴的根本保证和必由之路，也是新时代大学生爱国主义教育必须永远坚持的正确方向。其根本要义是大学生爱国主义教育要始终坚持党的领导，旗帜鲜明地彰显社会主义本质，引导全体大学生坚定走好中国道路。从中华人民共和国诞生之日起，国内外敌对势力就没有放弃过对社会主义中国的演变和颠覆，尤其是在改革开放和社会主义市场经济的时代条件下，国内外敌对势力肆意诋毁、歪曲和攻击中国特色社会主义，不仅提出了中国特色社会主义究竟是不是社会主义的疑问，甚至提出了“资本社会主义”“国家资本主义”等别有用心的说辞和质疑，妄图颠覆和动摇尤其是青年一代对社会主义、共产主义的信仰和信心。意识形态领域的严峻挑战和众声喧哗，不仅对党和政府的治国理政能力提出越来越高的要求，对构建国家治理、社会转型与个人发展的协同关

[1] 《习近平在中共中央政治局第二十九次集体学习时强调：大力弘扬伟大爱国主义精神 为实现中国梦提供精神支柱》，《人民日报》2015 年 12 月 31 日。

系和良好互动提出了更紧迫的挑战，也对大学生爱国主义教育提出了全新的课题。对于理论认知正在快速建构但又相对缺乏社会经验、政治经验和稳定价值观念的青年大学生来说，大学生爱国主义教育必须讲透中国特色社会主义的根本性质和历史渊源，用中国特色社会主义的发展轨迹和实践成就说话，引导大学生“搞清世界社会主义思想的源头及其演进，搞清中国特色社会主义的历史发展”[1]，从历史、理论、现实等维度引导大学生充分地认识中国特色社会主义的历史必然性和科学真理性，筑牢大学生坚定“四个自信”、做到“两个维护”的思想基础，引导他们用实际行动落实“爱党、爱国、爱社会主义高度统一”的本质要求，矢志追求中国特色社会主义的美好未来。

（二）中国梦是当代中国爱国主义的鲜明主题

习近平总书记关于中国梦是当代中国爱国主义的鲜明主题的重要思想，为新时代爱国主义明确了时代坐标和实质内涵，使爱国主义进入了一个崭新的发展阶段。中国梦的命题一经提出，就在海内外全体华人之间形成了广泛影响和强烈共鸣，全社会迅速掀起了中国梦主题教育的热潮。从历史根源来说，中国梦并不是一个新概念，从南宋诗句“一心中国梦，万古下泉诗”中对祖国统一的追求，到饱经风霜的近代中国对独立和富强的渴望，再到中华人民共和国成立以来党和国家带领全党全国人民在民族复兴追梦征程上的艰辛探索，每一个时代都赋予中国梦丰富的内涵。对近代以来历经苦难的中华民族来说，中国梦就是实现民族伟大复兴的共同追求和美好梦想，其内涵和本质就是要实现国家富强、民族振兴和人民幸福，它不仅是近代以来每一个中国人的心之所向，也是对新时代我国发展总目标和总任务的集中概括。这个总目标和总任务必须紧紧依靠人民来实现，必须把青年一代培养为中国梦的建设者和实现者。习近平总书记强调：“为实现中华民族伟大复兴的中国梦而奋斗是中国青年运动的时代主

---

[1] 《习近平总书记系列重要讲话读本（2016 年版）》，学习出版社，人民出版社 2016 年版，第 24 页。

题”[1]，这就更加确切地为新时代大学生爱国主义教育明确了时代主题和具体要求，为大学生爱国主义教育服从和服务于经济社会发展的总任务找到更明晰、更贴近、更生动的话语表达，使得新时代大学生爱国主义教育的价值和目标更加凸显，更有利于提高大学生爱国主义教育的针对性和感染力。因此，进入新时代以来，各个高校在教育部的组织和指导下积极推动中国梦教育的“三进”工作，广泛、持久、生动地开展以中国梦教育为主题的校园文化活动和社会实践活动，用更易于理解的思想、更贴近生活的方法手段来开展爱国主义教育，使大学生爱国主义教育既彰显历史传承，又凸显文化底色和时代元素，促进了大学生爱国主义教育的内容创新、载体创新、方法创新。

（三）爱国主义教育要与弘扬和践行社会主义核心价值观紧密结合

党的十八大把社会主义核心价值体系凝练为“三个倡导”的社会主义核心价值观，在公民层面倡导以“爱国”为首要价值观念和价值追求，从根本上决定了开展大学生爱国主义教育必须与引导大学生弘扬和践行社会主义核心价值观紧密结合。习近平总书记强调：“要结合弘扬和践行社会主义核心价值观，在广大青少年中开展深入、持久、生动的爱国主义宣传教育。”[2] 社会主义核心价值观是新时代中国精神和价值观念的集中表达，它不仅是对中国优秀传统文化基因和价值观念的继承，也是坚定“四个自信”的重要支撑。具体来说，社会主义核心价值观明确了新的时代条件下国家、社会、公民三个层面的价值准则，体现了社会主义的本质要求和全体中国人民的美好愿景，构成了社会主义核心价值体系的关键承接点。而爱国主义作为每一名中国人最基本的价值准则，是社会主义核心价值观中最深层、最根本和最永恒的内容[3]，可以为社会主义核心价值观实现价值坐标的定位和精神力量的汇集。通过系统的爱国主义教育，使大

---

[1] 《习近平同各界优秀青年代表座谈时的讲话》，《人民日报》2013 年 5 月 5 日。

[2] 《习近平在中共中央政治局第二十九次集体学习时强调：大力弘扬伟大爱国主义精神 为实现中国梦提供精神支柱》，《人民日报》2015 年 12 月 31 日。

[3] 参见《习近平在文艺工作座谈会上的讲话》，《人民日报》2015 年 10 月 15 日。

学生在爱国主义的核心价值取向的引导下，把个人价值的实现融入社会主义共同价值追求上来，形成统一思想、激发动力的价值导向和精神依靠，不仅是大学生爱国主义教育的题中之义，也是培育以此为重要基点的社会主义核心价值观的有效途径。由此，大学生爱国主义教育必然要把促进大学生树立正确的爱国价值观和其他层面的社会主义核心价值观紧密结合、互为促进，要引导大学生带头遵循和践行社会主义核心价值观，更要勇担社会责任，带动全社会共同弘扬社会主义核心价值观，在个人价值追求与社会价值理想的统一中推动社会发展进步。

（四）弘扬爱国主义精神"五个必须"思想明确重要遵循

习近平总书记在中共中央政治局第二十九次集体学习时提出了弘扬爱国主义精神"五个必须"的重要思想和明确要求[1]，明确了大学生爱国主义教育的重要遵循和核心内容。

具体来说：一是必须把爱国主义教育作为永恒主题，这首先为新时代大学生爱国主义教育赋予了明确定位和重要价值。同时也内在要求认真总结中华人民共和国成立以来坚持和发展这一主题的宝贵经验和教育规律，从"两个大局"的战略高度来认识大学生爱国主义教育的必要性、紧迫性和全局性，永远把爱国主义教育作为培养合格建设者和可靠接班人的基础工程，推动大学生爱国主义教育的体系性融入，贯彻学校教育体系，融入家庭和社会教育，使这一永恒主题能够不断改进和加强。

二是必须坚持爱国主义和社会主义相统一，这是中华人民共和国成立以来大学生爱国主义教育始终遵循的本质要求。"今天我们讲爱国主义，这个道理要经常讲、反复讲。"[2] 这一要求不是凭空产生的，而是形成于历史、国情和人民的选择。事实证明，能否把这一本质要求落在实处，关系大学生爱国主义教育是否能够始终沿着正确方向前进，是否能够培养一代代社会主义新人。新时代，要使大学生的爱国情感更加浓烈，让他们报

---

［1］参见《习近平在中共中央政治局第二十九次集体学习时强调：大力弘扬伟大爱国主义精神 为实现中国梦提供精神支柱》，《人民日报》2015年12月31日。

［2］《习近平在中共中央政治局第二十九次集体学习时强调：大力弘扬伟大爱国主义精神 为实现中国梦提供精神支柱》，《人民日报》2015年12月31日。

国强国的意志更加坚定，团结一致推动民族复兴伟业的实现，就必须坚持把爱党、爱国、爱社会主义的本质要求贯彻到底执行到位，发挥大学生爱国主义教育为党和国家事业凝心聚力的核心价值。

三是必须维护祖国统一和民族团结。当代中国特色社会主义的爱国主义发展和升华于中华民族争取民族独立和国家统一的革命洪流之中，成为近代以来中华民族能够战胜一切来犯之敌的力量之源和精神之基。中华人民共和国成立以来，党和国家以社会主义的爱国主义作为凝聚全国各族人民的精神旗帜，把维护民族平等和民族团结作为基本方针，推动中华民族共同体意识深入人心，使中华民族大团结成为我们国家在短短 70 多年间取得惊天动地的发展成就的根本保证，为实现国家完全统一和民族复兴奠定了不可动摇的根基。始终坚持把维护祖国统一和民族团结作为大学生爱国主义教育的基本原则和重要内容，引领各民族大学生做维护民族团结和国家统一的桥梁纽带和坚强卫士，是中华各民族共同熔铸的爱国主义精神的永恒召唤。

四是必须尊重和传承中华民族历史和文化。中华民族的爱国主义凝结和发展于中华各民族源远流长的历史文化之中，数千年来为建设中华民族共有精神家园提供了重要支撑，使中华历史和中华文明从未中断、历久弥坚，不断彰显让中华民族傲然屹立于世界民族之林的持久魅力和坚硬底气。加强大学生爱国主义教育，必然要从中华民族的历史和文化里汲取养分，增强大学生对中华民族历史文化的文化认同和文化自信，在中华民族悠久历史文化的滋养和熏陶中潜移默化地升华爱国情感，从而使爱国主义成为流淌于每一名大学生血脉之中的精神归依。

五是必须坚持立足民族又面向世界。中华民族的爱国观，从来都是放眼天下、胸怀天下、兼济天下的宏大包容的爱国观。中国共产党继承和发展了这种爱国观，始终正确把握国家与国家、国家与世界之间的辩证关系，在坚持独立自主、自力更生、全心全意做好自己的事的同时，也谦虚包容、面向世界、择善而从；在以中华民族的历史和文化为根本，不断增强文化自信和历史自觉的同时，也乐于学习和吸收世界各国的文明成果，增强中华文明的包容力和生命力；在坚决维护和保障国家利益的同时，也积极为整个人类社会的繁荣发展贡献智慧和力量。新时代的大学生生长在开放包容的时代环境之中，坚持既立足民族又面向世界的爱国主义教育，引导他们站稳中国立场，做爱国爱党爱社会主义爱人民的中国人，做胸怀世界、为世界人民多做贡献的中国人，这是大学生爱国主义教育坚持对外开放基本原则的充分体现，也是我们国家作为负责任、有担当的东方大国、社会主义大国对青年一代提出的必然要求。

三、新时代大学生爱国主义教育创新发展的主要路径

这一阶段，广大教育者以习近平总书记关于爱国主义教育的重要论述为根本遵循，正确把握大学生爱国主义教育的阶段目标和本质要求，积极拓展主渠道、创新方法手段，推动大学生爱国主义教育实现创新发展。

（一）增强阵地意识，打造大学生爱国主义教育的高效课堂

新时代大学生爱国主义教育守正创新的核心途径，在于不断增强学校教育的阵地意识，紧紧抓住学校思想政治理论课这条主线，从全局性的视角进行规划设计，推动思政课程和课程思政共建高效课堂。

1. 推动思想政治理论课改革创新

党的十八大以来，党把办好思想政治理论课的重要性提升到事关国家意识形态安全、事关实现中国梦的大局的高度，坚持把思想政治理论课作为大学生爱国主义教育的重要阵地和核心渠道。

第一，加强对思想政治理论课的全面领导和创新引领，为大学生爱国主义教育提供了强有力的支撑和保障。从 2015 年中宣部、教育部印发的《关于普通高校思想政治理论课建设体系创新计划》，到 2019 年 8 月中共中央办公厅、国务院办公厅印发的《关于深化新时代学校思想政治理论课改革创新的若干意见》，推动思想政治理论课建设与党的创新理论武装同频共振，从课程设置、教材建设、教学模式、教学方法等各方面创新高校思想政治理论课，全面充实和加强了中国梦和中国特色社会主义、中国共

产党治国理政方略体系、社会主义核心价值观、形势与政策、“四史”教育等爱国主义教育的重要内容，形成更加合理和完善的课程体系，为更好地教育引导大学生深化对爱国主义的理论体系的认知和把握、科学准确地回应大学生关注的国家和民族发展的现实问题、帮助大学生正确看待国家发展和个人成长之间的辩证关系、树立远大的报国理想、为大学生爱国主义教育的实施和效果的取得提供了广阔的空间。

第二，推动贯彻落实“教师主导”+“学生主体”的教育理念，提高课堂教育的实际效果。一方面，思想政治理论课教学目标的完成有赖于教师充分地发挥主导作用，大学生爱国主义教育的特殊使命需要教师既具有深厚的爱国情怀，又具有高屋建瓴地领会中央精神的理论功底，能够透彻地把握爱国主义的完整理论和时代发展，及时将党和国家发展的最新成就、政策导向、现实问题与教材内容有机融合，通过教师言行一致的爱国导向、深厚的理论水平和高超的教学水平，使大学生“亲其师而信其道”。另一方面，大学生爱国主义教育具有很强的思想性和实践性，目的是培养学生成为知行合一的爱国者，因而教育教学目标的实现需要师生间真诚沟通、良好互动。要引导学生爱国主义知、情、意、行和谐发展，就要充分尊重和体现学生的主体地位，建立和谐融洽的师生关系，遵循“三贴近”的基本准则，关照新时代大学生的思想行为特点，激发大学生内在的学习动力，养成其主动思考、独立思考、辩证思考的思维习惯，从思想、理论、情感各方面提升大学生国家认同和民族认同，在和谐的师生、生生关系和课堂教学中提高爱国主义教育的实效性。

第三，推动形成思想政治理论课各门课程的爱国主义教育合力。爱国主义教育是贯穿高校政治理论课始终的重要任务，但是在各门课程中的侧重点和落脚点有所不同。党的十八大以来，广大思想政治理论课教师按照中央精神，尊重大学生爱国主义教育的内在规律，充分考虑各门课程的内在要求，深度融合爱国主义教育的时代内容，使爱国主义教育在思想政治理论课中作为永恒主题的重要性得以体现。具体来说，一是广大思政课教师更加注重从宏观上把握各门课程中爱国主义教育内容的学理基础和逻辑递进，形成手拉手集体备课机制，及时交流教学经验，根据每个教师的专业特长，针对教学中的理论和实践问题进行针对性的研讨，形成特点鲜明、互为补充、互相促进的爱国主义教育认知教育模式。二是促进形成理论教学与实践教学的合力。通过在思想政治理论课中采取丰富多彩的实践教学活动，提高大学生分析观察党情国情社情的能力，如充分运用教学实习实验基地，参观爱国主义教育基地、进行专题调研等，建立健全实践教学长效机制，使思想政治理论课的应用性和实践性不断提升，在实际中增强理论的说服力和感召力。三是加强教学方法手段建设。长期以来，制约高校思想政治理论课充分发挥感染力和实效性的其中一个重要因素，就是教学方法的相对单一和创新不足。因此党的十八大以来，思想政治理论课改革创新的一项重要任务，就是引导广大教育者正确认识教与学的辩证关系，正确认识“船和桥”的重要作用，各个高校纷纷加大对教师教学基本功的培训力度，引导广大思政课教师积极改进和创新教学方法，灵活运用各种教学方法、技巧和手段促进教学目标的实现。

2. 积极推动课程思政建设

由党委统筹各个学院、各个专业、各门课程，尤其是哲学社会科学相关专业课程的教育资源，深挖各门课程中的爱国主义教育素材，形成各类课程共同参与、优势资源共享、各方力量协作的大学生爱国主义教育机制，逐步打造内容丰富，形式创新，全方位、多层次的爱国主义教育体系。

第一，引导高校全体教师积极转变观念，树立“课程思政”理念。中国传统教育思想历来十分重视对爱国主义等道德品质的培育。中华人民共和国成立以后，党和国家的教育方针就始终强调要使教育者在德智体几方面全面发展，并在各个学科和各门课程中广泛地融入包括爱国主义在内的思想政治教育内容。但是，在多年的实践过程中，思政课日益面临着“孤岛化”的现实困境仍然是不容回避的事实。面对这种现状，上海市率先提出并践行了课程思政的育人理念和育人模式，并形成了一定的实践经验。2016 年 12 月，习近平总书记在全国高校思想政治工作会议上强调，做好高校思想政治工作要用好课堂教学主渠道，既要改进和加强思想政治理论课，也要推动各类课程种好“责任田”，使两者形成协同育人效应，标志

“课程思政”的正式提出。各个高校逐渐掀起课程思政建设和研究的热潮，通过示范培训、主题研修、典型引领等多种措施提升全体教师的思想认识和理论素养，课程思政的理念逐渐深入广大教师的内心，使广大教师认识到课程思政建设要以落实“知识传授与价值引领相结合”为核心目标，这也是“立德树人”的本质要义和现实要求，大学生爱国主义教育也必须从特定的时间段和特定的课堂教育发展为真正的“三全育人”，才能在全面覆盖和潜移默化中提升育人效果。

第二，深入开发各类课程的思想政治教育资源，将爱国主义精神贯穿课堂教学全过程。对于各类专业课程，尤其是哲学社会科学类课程，采取重点打造、逐渐推广、全面覆盖的循序渐进的模式，注重以专业知识为载体，根据各门课程的不同特性，挖掘其中的思政元素，引导专业课教师运用马克思主义的方法论来分析、思考问题，在教学目标、教学内容、教学手段等各方面有机地融入体现社会主义意识形态的有关内容，引导大学生了解“中国方案”、涵养大国心态、增强“中国自信”，通过课程思政这种比较潜在的形式，把爱国主义教育融入学校教育的全部过程，引领大学生关心国家发展和建设，为大学生厚植和践行爱国情怀构筑精神底色，实现润物无声的育人效果。例如从2014年开始，上海大学在课程思政建设过程中先后打造了“中国系列”“创中华人民共和国”等课程思政品牌课程，以实现中国梦为目标引领，以新时代中国共产党治国理政的基本方略为主线，会集包括优秀思政课教师和各领域专家学者组成的强大师资队伍，综合运用“问题解析式”“师生互动式”等教学方法，直面大学生的思想困惑，深入挖掘和彰显中国故事的深层内涵，有效地提升了大学生的国家认同和爱国情怀。

第三，着力构建“思政课程+课程思政”育人格局。在党和国家的高度重视和教育部的大力推动下，各个高校积极推进课程思政工作，着力构建“思政课程+课程思政”的育人格局。在高校推动新时代教育教学改革过程中，把提升育人实效作为核心目标，以教师为第一资源，逐步地建立健全课程思政改革的领导体制和工作机制，从课程体系、教材体系和教学体系建设上协同推进，不断强化资源配置和研究支撑，探索合理有效的课程思政评价方式，使课程思政初步实现预期效果，形成与思政课程同向同行的育人合力。当然，在推进课程思政工作的过程中，仍然存在着一些问题，例如部分教师对课程思政内涵的理解仍然停留在粗浅的层面，对课程思政的必要性认同有待提升、在具体建设和实施方案上还需进一步优化等。要最大限度地实现协同育人效应、彰显课程思政的重要价值，还必须以问题为导向，在今后的推进过程中绵绵用力、持续改进。

（二）打通网络空间，占领大学生爱国主义教育的网络阵地

伴随着各种新媒体和自媒体的蓬勃发展，信息传播的全新特点和多元环境也在更大程度上形塑着大学生的思维方式、学习方式和个性化诉求，迫切要求大学生爱国主义教育努力结合新的网络环境和媒体条件，进一步打通大学生爱国主义教育的网络空间。

一方面，增强建设大学生网络爱国主义教育阵地的思维和能力。伴随着移动互联网和自媒体时代的迅猛发展，网络舆论泥沙俱下，各种信息良莠不齐，加之网络空间立法、监管不足，网络爱国主义表达也常常出现一些非理性、偏激的声音，存在一些影响大学生爱国观念发展的不可控因素。这就使主客体本来就相对模糊的网络空间中，教育者的主导性和影响力越来越弱化，大学生爱国主义教育的实效性也受到削弱。因此，面对新的形势和新的要求，迫切要求广大教师尤其是思政课教师树立互联网思维，不断增强知网、懂网、用网的能力，提高运用网络载体进行爱国主义教育的水平和能力。各个高校采取多种措施加强对教师的网络思维、网络工作能力的提升与培训，引领广大教师适应网络新特点和发展新趋势，增强自身的网络道德建设和媒介素养提升，正确运用各种网络介体了解学生思想动态，实现网络爱国主义教育的有效开展。

另一方面，加强网络爱国主义文化建设和引领。一是充分发挥主流媒体的引领作用，坚守并扩大意识形态主流阵地，加强网络爱国主义内容建设，大力传播主流价值观，营造充满爱国主义正能量的网络氛围。各主流媒体大力宣传弘扬爱国主义精神、开展爱国主义教育的生动实践和先进经验，同时把爱国主义精神贯穿到各种形式、各种主题的网络宣传、网络舆

论、网络文化中，不断巩固并广泛传播蕴含爱国思想和正面声音的主流思想舆论。二是动员社会多元主体共同参与，借助微博、微信、抖音等新媒体工具，引导人们推动中华优秀传统文化创新性转化和网络化传播，关照大学生的兴趣爱好和精神需求，积极创作、打造、传播富有爱国情怀的网络文学、影视作品、游戏、动漫、短视频等，运用网络平台和网络素材生动讲好爱国故事，让大学生在潜移默化中受到熏陶。三是构筑高校网络思想文化阵地。各个高校通过加强诸如校园网、微信公众号、官方微博、易班等学校网络教育平台的建设，积极打造学校自身的思想文化网络阵地。同时主动运用各种网络社交平台和网络技术手段，例如微信、微博、知乎等大学生喜爱的网络 APP，通过网络空间与大学生进行有关话题的沟通，提升爱国主义议题的设置和引导能力，努力消除网络上不良思潮和错误思想对大学生爱国观念造成的消极影响，不断壮大主流爱国主义话语阵营。四是把握“时、度、效”，开展形式多样的大学生网络爱国主义教育活动，使网络空间成为大学生爱国主义教育的有效载体。2012 年 11 月，中共教育部党组印发了《关于教育系统认真学习贯彻党的十八大精神的通知》，提出“要开通信息化学习平台，设置网络课堂、制作手机报、编发学习微博等，增强学习的及时性、针对性、有效性”[1]，广泛在教育媒体和教育部门户网站开辟学习贯彻十八大精神专栏，加强对网络主题教育的实践探索。官方媒体和各个高校浓墨重彩地宣传中国梦的重大意义、精神实质和实践要求，开展“我的梦中国梦”“传递青春梦想，共话民族复兴”“中国梦 学子梦”等系列网络文化活动，拓展了网络爱国主义教育对于大学生的影响力和对于社会的辐射力，为党的十八大以来大学生网络爱国主义教育的高效、创新发展打造了成功范例。

（三）注重文化涵养，增强大学生爱国主义教育的情感激励

所谓注重文化涵养，增强大学生爱国主义的情感激励，是指这一阶段大学生爱国主义教育不仅重视课堂教育等显性的教育方法，也十分注重通

[1] 教育部思想政治工作司：《加强和改进大学生思想政治教育重要文献选编（1978—2014）》，北京：知识产权出版社 2015 年版，第 573 页。

过文化涵养等无形的方式激发和培育大学生的爱国情感，实现“入芝兰之室久而自芳”的效果。

第一，高度重视校园文化建设。各个高校树立科学务实的办学理念，提升校园物质文化建设的文化内涵，从过去一段时间内注重校园基础设施建设，向注重提升文化品位、彰显学校办学特色的“内涵式”发展。一方面为学生创造优美、舒适、文化氛围浓厚的学习、生活环境，使学生时时刻刻感受到党和国家发展所取得的实际进步，感受到党和国家对大学生的关心和关注。另一方面运用为革命烈士、民族英雄、爱国先进典型人物等树立雕像、铭刻事迹，在教室、走廊、办事大厅悬挂激发师生爱国情怀和民族情感的人物肖像、名人名言等措施，以富有爱国主义气息的育人环境潜移默化浸润、感染、熏陶学生的心灵。

第二，从学校的历史文化底蕴中挖掘和发扬学校的爱国主义文化。一是充分挖掘和开发学校在长期发展过程中积淀的历史和文化，塑造具有鲜明特色的校园文化和大学精神。校训、校歌、校史等是具有鲜明特色的大学形象标识，是激励和引导全校师生团结奋进的重要财富。各个高校充分发挥校史校训校歌等的爱国主义教育功能，通过开展学习校史、同唱校歌等活动，激发师生爱国爱校的情感。二是培育和弘扬大学精神，用社会主义核心价值观来指导校园文化建设，唱响主旋律，做好党的十八大、党的十九大、党的二十大精神、中国梦、社会主义核心价值观等内容的“三进”工作，推动大学科学精神与人文精神的提升。三是加强思想道德建设，培育校园文明道德风尚。一方面要求广大教师带头践行社会主义核心价值观，用良好师风、高尚人格引领学生成长；另一方面通过典型示范的作用来振奋精神、激励斗志，形成了“全国道德模范校园巡讲”、中国大学生年度人物评选等工作的长效机制，通过学习道德模范传递有形的正能量和鲜活的价值观，用“身边事教育身边人”，为大学生爱国主义教育提供有力的道德支撑、情感激励和价值引领。

第三，加强校园文化活动建设，组织开展主题明确、形式多样的爱国主义文化活动，使大学生在爱国主义文化情境中产生对国家和民族的高度情感认同。一是加强学校与周边的爱国主义教育基地和国防教育基地的合作，注重运用升国旗、奏唱国歌、国旗下宣誓、入党入团等仪式礼仪强化大学生爱国主义活动的仪式感和参与感，借以调动和增强大学生的情感共鸣。二是大力开展以爱国主义为主题的征文大赛、主题宣讲、文艺展演、时事教育等校园文化活动，形成健康向上的校园文化。在校园文化活动开展的过程中强化学生的主体地位，积极发挥学生的自主性，同时在学生策划、组织、实施校园文化活动的时候加强指导，指引他们围绕中国梦的时代主题开展富有自我教育意义、特色鲜明的校园文化活动，让大学生主动参与、喜欢参与，真正做到以文化人、以文育人。三是把握重大节日和历史事件纪念日的教育契机，增强大学生爱国主义教育的温度和效度。在党的十八大召开之际、纪念五四爱国运动、庆祝改革开放40周年等重要时间节点，通过深入挖掘其中的精神内涵和重大意义，精心设计主题和形式，打造特色品牌，通过富有象征性、生动性以及感染力的纪念活动激发爱国情怀，深化爱国认知。例如在庆祝中华人民共和国成立70周年前夕，各个高校广泛开展“青春告白祖国”活动，“歌唱祖国”快闪活动等，汇聚呈现“千校万场大告白”的动人场景，成为展现新时代大学生热爱祖国、歌唱祖国、祝福祖国的最美风景线。

（四）注重实践养成，强化大学生爱国主义教育的实践体验

所谓强化大学生爱国主义教育的实践体验，是指这一阶段高校通过开展形式多样的社会实践活动，将理论学习和实践锻炼真正内化为大学生自身的成长需求，帮助其在组织引领下走向社会，深入了解国情社情民情，在实践锻炼中锤炼品格、增长才干，培养高尚的爱国情操，在实现个人全面发展的同时摆正与祖国、社会的关系。

第一，坚持思想引领和价值引领，始终把社会实践作为大学生爱国主义教育的核心途径之一。社会实践作为大学生爱国主义教育的有效形式，有助于引领大学生将个人理想与祖国需要相结合，有助于增强大学生对国家的了解和热爱，提升大学生的奋斗精神、社会责任感和实践本领。党的十八大以来，为了彰显时代色彩、取得育人实效，党和国家把大学生社会实践与时代主旋律相融合，围绕中国梦的主题，服务于青年学生成长成才

的内在需要，面向全面建设小康社会主战场，引导广大青年学生积极参与丰富多彩的社会实践活动。针对过去大学生社会实践由校团委一抓到底、部分师生重视度不高、实践环节与教学环节衔接不足等问题，在教育部和共青团中央的统一安排和部署下，各个高校党委成立专门的大学生社会实践工作领导小组，结合自身办学特色和学生特点，建立完善的激励保障体系和运行机制，增强对学校各种社会实践资源和实践活动的统筹安排，探索增强大学生实践体验的有效方式。一方面积极探索校企“产学研”联合发展的人才培养模式，另一方面增强大学生社会实践与思政课、专业课实践育人环节的有机结合，鼓励思政课教师和专业课教师指导和参与大学生社会实践，帮助大学生在实践中深化理论认知、锤炼专业本领，实现引领大学生把自身发展与国家建设结合起来，在实践中“受教育、长才干、做贡献”的根本目标。

第二，在抓好传统优势项目的同时进一步拓展大学生校外社会实践的基地和领域，通过多元化的社会实践活动引导大学生践行爱国行为，增长报国本领。一方面，充分发挥学校所在地爱国主义教育基地、国防教育基地、革命纪念地、改革开放前沿阵地等爱国主义教育资源的作用。通过深入开展“红色之旅”学习参观活动，党和国家事业发展社会调查，国家重点工程项目考察访问，革命先辈、改革开放事业建设者访谈等活动，深入了解党的奋斗历程、革命先烈和改革先锋的爱国事迹、党和国家事业取得的新成就新进步，增强大学生对党和国家的感情、对人民群众的感情，激发他们投身全面建成小康社会的使命感和责任感。另一方面，加强和拓展实践教学基地和实习基地建设，建立健全大学生实习实训制度。以增强服务国家经济社会发展、服务大学生创业就业需要为目标导向，广大高校将大学生社会实践活动与专业学习、服务社会、创新创业等人才培养的各个环节相结合，以学科专业特点为本位，分类开展专业实践活动和创新创业教育实践，在实际运用中提高大学生的专业本领，为大学生毕业后顺利走上社会、成就事业奠定坚实基础。

第三，开展主题鲜明、形式多样的社会实践活动，提高大学生爱国主义教育的时代价值。通过引导大学生在社会实践中亲自参与、亲自感受，与不同阶层、不同行业、不同背景的人民群众接触，能够深化大学生对国家物质文化、精神文化和制度文化的认识，使他们的爱国认知、情感、意志和行动能力得到有效提升。党的十八大以来，在开展好科技、文化、卫生“三下乡”，学雷锋志愿服务活动等大学生社会实践传统项目、品牌项目的同时，教育部组织全国高校师生连续开展了“走基层看变化学习宣传党的十八大精神”“圆梦中国”“推普脱贫攻坚”“小我融入大我，青春献给祖国”等具有鲜明时代特征的主题社会实践活动，把思政小课堂与社会大课堂结合起来，促进广大学生深入了解党的十八大以来社会发展的阶段性特征，正确认识社会主要矛盾和各种社会现象，不断提高分析问题和解决问题的能力。例如通过参与党的十八大精神的宣讲活动，青年大学生在引导基层广大群众学习领会党的十八大精神的过程中，也提升了自己的理论素养，并在实践的体验和观察中增强了“四个自信”。在全面建成小康社会的攻坚阶段开展的“推普脱贫攻坚”主题实践活动中，各个高校组织大学生团队赴西藏、云南、贵州等贫困地区开展扶贫调研、义务支教、科技支农、农产品电商销售等扶贫实践，拓宽路径助力精准扶贫和精准脱贫，把大学生对党和祖国的热爱化作服务人民的动力，把对社会主义核心价值观的践行化作奉献社会的实际行动，把追逐中国梦的脚印留在祖国最需要的地方。在2019年以庆祝中华人民共和国成立70周年为契机开展的“小我融入大我，青春献给祖国”主题社会实践活动中，全国2900多所高校、3800多万大学生踊跃参加，通过“看伟大成就、讲中国故事、展青春风采、做时代英才、悟成才之道”等系列活动，在感受伟大成就、实践锻炼提高、服务社会发展的过程中厚植了大学生的爱国情怀。

四、着力增强大学生爱国主义教育的联动保障和协同效应

大学生爱国主义教育是一项综合性工程，必须由各方力量协同配合才能产生良好效果。党的十八大以来，党和政府从整体上加强大学生爱国主

义教育的制度保障和法治保障，增强了学校教育、社会教育、家庭教育之间的协同效应。

（一）进一步强化大学生爱国主义教育的制度保障

制度保障是最根本的保障，通过加强制度建设和制度落实，完善了大学生爱国主义教育的体制机制，压实了各级党委和政府的主体责任。

第一，大学生爱国主义教育能否从根本上取得实效，能否发挥深入持久的影响，最为关键的就是坚持党的领导，坚持中国特色社会主义制度，以提高大学生的国家认同为厚植爱国情怀的源头活水。“制度建设要立足本根，制度贯彻要落地生根。”[1] 爱国主义作为一种社会意识形态，不仅是个体对国家深厚的情感和依恋，也是国家和个人彼此相互承认、相互认同的现实体现。党的十八大以来，党和国家根据国内外环境发生的深刻变化，系统总结、全面部署，对新时代坚持和完善中国特色社会主义制度，推进国家治理体系和治理能力现代化提出了改革方向和具体要求，描绘了坚持和完善中国特色社会主义制度的宏伟蓝图，为确保党永远坚守为人民谋幸福、为民族谋复兴的初心使命，为走好新时代中国特色社会主义道路夯实了制度保障，为开展大学生爱国主义教育，厚植大学生爱国情怀夯实了最根本的制度基础。

第二，全面加强大学生爱国主义教育的制度建设。从中共教育部党组制定的《关于教育系统深入开展爱国主义教育的实施意见》，一直到党中央下发的《新时代纲要》，始终紧扣中国特色社会主义进入新时代这个国家所处新的历史方位，准确把握新时代对爱国主义教育提出的新课题和新使命，不断提高谋划部署新时代大学生爱国主义教育的战略高度，凸显了党中央和各级部门对大学生爱国主义教育的高度重视，着力把党的领导这一根本领导制度和大学生爱国主义教育的常态机制建设好、完善好，为大学生爱国主义教育提供了有力保障。

第三，全面加强大学生爱国主义教育的制度落实。教育部与中组部、

---

［1］ 中共中央宣传部：《习近平新时代中国特色社会主义思想学习问答》，北京：学习出版社、人民出版社 2021 年版，第 438 页。

中宣部、共青团中央、中央网信办、中央媒体等协同联动，各级党委和人民政府在党中央的坚强领导和具体指导下不断转变思维、提高认识，积极承担起大学生爱国主义教育的主体责任，把大学生爱国主义教育作为意识形态工作的重大任务，在始终坚持抓好主阵地、主渠道建设的同时，统筹推动大学生爱国主义教育在更深的层次上向专业领域、实践领域、社会领域、文化领域拓展，形成以思想政治专门力量为主导，高校所有教师全员参与，各学段一体贯穿、全社会大力支持的协同育人格局，确保大学生爱国主义教育的各项制度安排能够落在实处，使爱国主义精神成为全体师生的思想共识和自觉行动。

（二）进一步强化大学生爱国主义教育的法治保障

爱国主义不仅是一种道德规范，也是一种法律原则。虽然法律规则不等同于内在的道德良知，但法律制度同样承载着爱国主义思想，能够为爱国道德的生成提供明确的行为规范和制度框架，有利于引导包括大学生在内的全体人民的理性爱国行为。中华人民共和国成立以来，法治一直是国家的主要治理方式，也一直是国家开展爱国主义教育的有效形式，无论是中华人民共和国成立前夕制定颁布起着临时宪法作用的《共同纲领》，还是 1954 年颁布的《中华人民共和国宪法》，其中都有关于规范人们的爱国主义道德和行为的重要内容。针对大学生爱国主义教育来说，1995 年通过的《中华人民共和国教育法》、1998 年通过的《中华人民共和国高等教育法》也通过立法的形式，对大学生爱国主义教育的相关内容和行为规范作出了明确的法律规定。进入新时代以来，以习近平同志为核心的党中央坚持完善和强化法治建设，党的十八届四中全会审议通过《中共中央关于全面推进依法治国若干重大问题的决定》，为实现中华民族伟大复兴的中国梦提供了法律和制度确认，成为中华人民共和国法治建设史上的重要里程碑，为大学生爱国主义教育提供了更坚实更全面的法治保障。从 2012 年至今，国家先后颁布实施《中华人民共和国国歌法》《中华人民共和国国旗法》等相关法律法规，对全体民众的爱国行为作出了更明确更具体的要求，将爱国主义思想固化为制度要求。2018 年 3 月颁布实施的《中华人民共和国宪法修正案》中明确规定“国家倡导社会主义核心价值观，提倡爱祖国、爱劳动、爱科学、爱社会主义的公德”，更是以国家根本大法的形式强化包括大学生在内的全体公民的爱国主义的法治思维和法治行为，也是新时代党的爱国主义教育法制化、制度化的标志性体现。此外，2018 年 4 月，十三届全国人大常委会第二次全体会议全票通过了《中华人民共和国英雄烈士保护法（草案)》，以法律的红线惩戒来维护和强化法律权威，对于一些宣扬历史虚无主义、诋毁英雄烈士的错误、恶劣言行形成了有力震慑，有利于传承和弘扬英雄烈士的爱国主义精神，有利于形成崇敬英雄、学习英雄的社会正气，使大学生更加自觉地遵守爱国行为规范。

（三）进一步强化大学生爱国主义教育的协同效应

所谓强化大学生爱国主义教育的协同效应，是指在增强制度保障和法治保障的基础上，统筹推动学校、社会、家庭共同构建立体化的育人场域，切实增强大学生爱国主义教育的育人合力。

第一，始终加强学校主阵地建设，积极探索学校爱国主义教育的新途径、新方法。在党委统一领导下，充分调动学校组织系统内各方面的积极性，在课程建设、教材建设、文化建设、队伍建设各方面齐发力，广泛开发和综合运用各种教育资源，将爱国主义教育这一主线贯穿学校教育各个阶段，把爱国主义有机渗透到各学科各专业教材之中，注重不同层次课程有机衔接，全面融入到学校的校园文化和实践教育之中，联系当前社会思想意识领域特别是青年大学生思想意识领域的现状，加强理论教育的针对性和实效性，广泛拓展实践教育的载体方式，增强爱国主义文化的浸润和感染，全面增强大学生爱国主义教育吸引力和感染力。

第二，引领社会多元主体积极做好文化传承工作，构建爱国主义优秀文化传承体系。充分挖掘民族节日、节庆日、纪念日寓含的教育资源，利用这些节日开展革命传统教育、爱国主义传统教育，艰苦奋斗传统教育，在特定时期举办庄严的、丰富的庆祝活动、纪念活动、文艺演出活动等，同时注重以文化产品作为精神产品，在弘扬社会主旋律，发挥鼓舞斗争，催人奋进的重大作用。广大文艺工作者以高度的文化自信和文化自觉，创造了一大批弘扬爱国主义、凝聚中国力量的精品力作，营造了反映时代进步，与时代要求一致的爱国氛围，在社会治理中发挥了爱国主义的正向效应；社会主流媒体也积极运用网络直播、短视频、“云课堂”等新兴技术手段讲好爱国故事，促进社会大课堂与学校教育协同育人。

第三，注重发挥家庭文化涵养作用。爱国情怀的培育和生成，家庭的责任和影响是第一位的。发挥家庭教育在爱国主义教育中的特殊作用，首先要提高家长的爱国主义思想道德素养。党的十八大以来，党和国家高度重视新时代的家风建设，通过加强家风建设促进社会主义精神文明和良好道德风尚，使家庭成员更加注重传承和发扬中华民族的传统美德，通过家长的言传身教和潜移默化引导孩子树立对家庭、社会和国家的感恩之心和家国情怀，使家庭教育与学校教育、社会教育形成良好互动和育人合力。

第四章　中华人民共和国成立以来大学生爱国主义教育的基本经验

中华人民共和国成立以来，大学生爱国主义教育始终是党和国家开展高校思想政治工作的一条主线，经过70多年的风雨历程，在中国共产党的正确领导下，在一代又一代思想政治工作者的努力探索下，发挥了重大作用，积累了宝贵经验，对于今后完善和深化大学生爱国主义教育提供了历史借鉴和重要启示。

一、坚持马克思主义对大学生爱国主义教育的科学指导

中华人民共和国大学生爱国主义教育，始终坚持了马克思主义的科学指导，这不仅是党坚持社会主义办学方向和统领意识形态工作的应然之举，也是加强和改进大学生爱国主义教育的思想引领，其要义在于根据时代变迁坚持以马克思主义基本理论和马克思主义中国化最新成果筑牢和加强大学生爱国主义教育的理论基石和科学指导。

（一）坚持马克思主义对大学生爱国主义教育的理论指南

马克思主义作为揭示人类社会发展的本质和规律，并随时代变化和实践发展不断发展的科学理论，为我们提供了正确的世界观和方法论，提供了正确认识爱国主义思想发展规律，指导爱国主义实践的强大思想武器，是引领大学生爱国主义教育发展进步的根本理论指南。

第一，爱国主义作为一种社会意识形态，属于历史和实践相统一的范畴，属于与社会紧密联系的意识和行为范畴。当代中国爱国主义同样也是历史的产物，它既在中华民族五千多年的悠久历史中发展而来，又随时代发展不断彰显新的特征和新的活力，反过来促进时代的发展和进步。所以，大学生爱国主义教育在中华人民共和国成立70多年的发展历程中，在这一根本思想的指导下，既始终注重对中华民族爱国主义传统的继承和发扬，同时更注重对其进行时代性的总结和把握，善于从变化了的实际出发，科学制定大学生爱国主义教育在不同发展阶段的具体目标，根据实际需要灵活选择和使用方法手段，促使大学生爱国主义教育得以顺利开展，引导一代代大学生形成与社会主义实践发展相契合的爱国思想观念，并实现社会价值与个人价值的高度统一。

第二，马克思主义科学概括了人类社会发展的总趋势，为辩证看待爱国主义在国家发展特定阶段的重要作用提供根本立场和观点。科学揭示了人类社会总的发展历程和总体趋向，揭示了共产党在无产阶级革命斗争中的重要作用及其作为人民群众利益忠实代表的根本性质，是无产阶级政党和社会主义国家的指导思想，为阐明“爱国、爱党和爱社会主义高度统一”提供了最根本的理论支撑。同时马克思主义本身蕴含了关于爱国主义、集体主义、国际主义和共产主义的丰富论述，蕴含了关于教育和人的全面发展的丰富思想，以及无产阶级的历史使命和斗争路线，民族独立和民族国家问题等国家学说，尤其是社会主义的历史必然和共产主义的最终归宿等，构成了我们党领导的大学生社会主义爱国主义教育的内容体系中最核心、最重要的内容。

第三，马克思主义哲学既是世界观，又是认识和改造世界的方法论，为中华人民共和国大学生爱国主义教育提供了根本的方法论指导。辩证唯物主义认为，事物是在相互联系中运动发展的，而不是在固定之中保持一成不变的。大学生爱国主义思想无论是强是弱，是积极还是消极，都必然有其所处社会环境的现实基础。加强和改进大学生的爱国主义教育，也必须和社会环境的改造联系起来，不能离开社会环境抽象地谈爱国主义教育。基于此，党和国家始终将大学生爱国主义教育植根于社会实践的现实土壤，以社会发展进步为大学生爱国主义教育创造坚实物质基础和心理基础，营造浓厚的爱国主义文化环境，教育引导大学生学会用马克思主义的基本立场、观点和方法对爱国主义和我国的历史、现实和未来作出正确的认识，同时始终把国家的现实国情、发展成就等现实素材作为核心内容，用无可辩驳的事实使大学生衷心认同党的领导和社会主义制度，坚定对共产主义的信念。此外，在开展大学生爱国主义教育的过程中，始终把大学生看作正在成长发展的对象在其成长历程中做具体的考察，在尊重和把握大学生爱国主义情怀形成规律和特点的基础上科学地开展教育活动，从而使大学生爱国主义教育能够固本培元。

（二）马克思主义推动了大学生爱国主义教育的实践发展

第一，马克思主义推动了中华民族爱国主义精神的现代转型，使中华民族传统的爱国主义逐渐发展为社会主义的爱国主义。回顾历史，我们可以看到，爱国主义作为中华民族最为悠久的历史文化传统和民族精神核心，始终是中国社会发展和进步的巨大推动力和鼓舞力。近代以来，在帝国主义列强的侵略和欺凌下，逐渐沦为半封建半殖民地的旧中国面临着多重压迫，中华民族陷入了空前的民族危机。社会上各种救国救亡的思想、路线和斗争风流涌动，然而一次次探索和尝试均以失败告终。直到俄国十月革命后，陈独秀、李大钊等具有共产主义觉悟的知识分子，走在了社会发展和时代进步潮流的前列，他们积极探索和学习马克思列宁主义，促进了马克思主义基本原理，尤其是马克思列宁主义的革命学说和现代爱国主义思想，在中国的知识分子中间广泛传播，推动了五四运动的发生和发展。五四运动以后，伴随着中国共产党从无到有，从弱到强，马克思主义理论得到更大范围的学习、研究和传播，中国共产党将其与中华民族的爱国主义精神相结合，推动了中国人对国家建设、社会规律和爱国精神的认识，使马克思主义成为触动中华民族爱国主义由自发转向自觉、“由被动转入主动”[1] 的思想引领和精神动因。

第二，马克思主义推动了中国共产党领导的爱国主义实践的发展，为

[1] 《毛泽东选集》第4卷，人民出版社1991年版，第1471页。

中国共产党社会主义爱国主义思想的形成提供了理论指导，为中华人民共和国大学生爱国主义教育提供了现实空间。中国共产党领导中国人民推翻“三座大山”的革命史，就是一部以马克思列宁主义指引和推动中国人民的爱国运动取得胜利的历史。马克思列宁主义一经注入我国爱国主义运动的肌体，就如灯塔照亮了前行的道路，爱国主义运动的面貌就为之一新，我国爱国主义运动成为必定要胜利的无产阶级和人民群众的解放运动。这个历史过程，不仅反映了中国共产党人对中华民族爱国主义优良传统的躬身践行，而且反映了中国共产党人对传统爱国主义同中国革命和建设的实际相结合的积极推动，历史性地促进了爱国主义在中国的新发展和新飞跃，升华和明确了当代中国爱国主义的崇高理想和使命，并将其刻进精神基因、写进奋斗纲领、指引前进道路，使中国从一个饱受帝国主义列强蹂躏践踏的半封建半殖民地国家，变成独立自主的、拥有完整主权的新民主主义国家，彻底扭转了整个国家和中华民族的前途命运。历史证明，中国人民的爱国主义运动正是因为有了马克思主义的指导和共产党的领导，才能真正完成它的历史使命，并形成当代中国特色社会主义的爱国主义，为中华人民共和国成立后社会主义的大学生爱国主义教育奠定了理论基石和现实根基。

第三，马克思主义推动了中华人民共和国大学生爱国主义教育的实践发展。马克思主义是经过实践充分证明的科学真理，指引着大学生爱国主义教育前进的正确方向。在中国共产党领导中国人民求解放、谋复兴的爱国实践中，始终坚持实事求是的基本方针，将马克思主义与中国革命、建设和改革的具体实际相结合，促进了马克思主义的两次历史性飞跃，创立了毛泽东思想和中国特色社会主义理论体系。而始终关注和重视大学生爱国主义教育，是其不变的理论主题之一。马克思主义作为一个开放、发展的思想体系，中国共产党对其理论体系的不断丰富和完善，不仅有力地回答了一系列时代课题，推进我国社会的巨大发展和历史飞跃，也为大学生爱国主义教育与时俱进、不断优化提供了现实遵循。不论在历史长河中大学生爱国主义教育的时代境遇、教育对象、教育内容和方法手段发生了多大变化，大学生爱国主义教育坚持以马克思主义理论为指导的根本原则都没有变，也不能变。中华人民共和国成立以来党和国家正是始终坚持以马克思主义为指导，要求和引导大学生爱国主义教育的管理者和教育者们认真学习和研读马克思主义的基本著作，提升其马克思主义理论水平和大学生爱国主义教育的管理水平、教育水平和教学水平，科学制定教育目标和教育措施并在实践中加以落实和改进，才使大学生爱国主义教育能够取得成绩、克服困难、不断进步。

（三）坚持以中国化时代化的马克思主义指导大学生爱国主义教育实践

中华人民共和国大学生爱国主义教育之所以能够不断发挥新的价值和活力，还在于坚持与时俱进地以马克思主义中国化时代化的最新成果指导大学生爱国主义教育，加强大学生爱国主义教育的理论武装，赋予了大学生爱国主义教育坚实的理论基底和鲜明的时代底色。

第一，坚持以毛泽东思想为指导，为大学生爱国主义教育指明发展方向和实践遵循。毛泽东思想，是在中国革命和建设的长期实践中发展而来的，不仅领导了新民主主义、社会主义的爱国实践，也创建了当代中国的爱国主义教育理论与方法。作为中华民族爱国主义的最高风范，以毛泽东同志为代表的中国共产党人的爱国主义思想具有追求全体人民共同利益的社会发展愿景和高远的人类大同情怀，彰显了与其他任何时期、任何种类的爱国主义都具有本质区别的精神境界，拓展了世界爱国主义的范围。毛泽东本人就是最忠诚最伟大的爱国主义者，其爱国主义思想具有深厚的历史底蕴和鲜明时代特征，是与革命主义、社会主义相统一的思想，是对中华民族爱国主义传统和马克思、恩格斯以及列宁爱国主义思想的融合与发展，不仅使中国革命出现了崭新的领导力量，推动了中国共产党的革命和建设事业发展，构成了当代中国爱国主义的核心与灵魂，其中关于争取民族独立和维护祖国统一的思想；坚持独立自主原则、发扬艰苦创业精神、做好中国自己的事的思想，从根本上决定了当代中国爱国主义教育的性质和立场。此外，关于建立爱国统一战线，爱国主义必须与国际主义相结合，爱国主义必须坚持历史性与时代性相结合，“没有正确的政治方向就等于没有灵魂"，"培养有社会主义觉悟的有文化的劳动者"的教育方针，"又红又专"的人才培养目标，必须注重加强党的政策与策略教育，加强国家历史、国情与时事教育，在社会实践中树立和增强阶级觉悟的观点等等，也为中华人民共和国大学生爱国主义教育明确了基本要求和重要内容。

第二，坚持以中国特色社会主义理论体系为指导，着眼中国特色社会主义改革和现代化建设的现实需要，使大学生爱国主义教育与当代中国发展实际和爱国实践相协调、相吻合。改革开放以来，党领导人民坚持以经济建设为中心，坚持走中国特色社会主义的道路，凝聚全民族力量建设小康社会，开创并发展了中国特色社会主义理论体系，注入了构建发展和践行弘扬当代中国爱国主义精神的新养分。党的十八大以来，以习近平同志为代表的中国共产党人，在实践中不断总结经验，集中全党智慧创立了习近平新时代中国特色社会主义思想，丰富了中国特色社会主义理论体系的思想宝库。中国特色社会主义理论体系中包括了弘扬和践行爱国主义精神的重要思想，使中华民族伟大爱国主义精神不断获得新的内涵和新的表现形式，成为党带领全国各族人民在改革开放伟大征程中创造新成就新辉煌的强大精神支撑，从根本上阐明"什么是国""怎么爱国""爱什么国"的问题，回答了为何以及如何厚植大学生的爱国情怀的关键问题。其中爱国就要爱党、爱社会主义、爱人民的核心思想，不仅明确了当代中国爱国主义的核心要义和本质要求，为中华民族爱国主义精神注入了新的活力和价值导向，而且也是大学生爱国主义教育必须遵循、必须实现的教育原则和教育目标。而坚持把青少年作为爱国主义教育的重中之重，坚持把爱国主义教育作为始终不变的重要主题，坚持加强国格教育和历史文化教育，增强民族自尊心和自豪感的思想等等，推动大学生爱国主义教育在实践中取得了显著成绩。

总之，坚持以中国化时代化的马克思主义的最新理论成果为大学生爱国主义教育的理论武装，使大学生爱国主义教育有了灵魂，大学生爱国主义教育就能始终走在正确的道路上，就能把社会价值和个人价值统一起来，就能培养一代代大学生成为具有爱国心强国志报国行的有用人才，为中华民族创造更加辉煌灿烂的未来。

二、坚持中国共产党对大学生爱国主义教育的全面领导

中华人民共和国大学生爱国主义教育的发展历程昭示，只有始终坚持中国共产党的全面领导，才能为大学生爱国主义教育提供坚强组织保证和方向指引，保证社会主义的爱国主义主旋律永远不动摇。

（一）党的领导为大学生爱国主义教育提供坚强组织保障

东南西北中，党是统领一切的。大学生爱国主义教育作为关系党和国家事业发展的根本大计，必须始终坚持党的领导，为大学生爱国主义教育提供坚强组织保障。

一方面，坚持党的领导，是由党的自身性质以及大学生爱国主义教育的重要作用决定的。毛泽东同志曾经指出："思想政治工作，各个部门都要负责任。共产党应该管，青年团应该管，政府主管部门应该管，学校的校长教师应该管。"[1] 党作为中国特色社会主义事业的领导核心，党的领导是全方位的领导，尤其是思想政治工作，属于意识形态工作的重要组成内容，历来都是党的各项工作的生命线，是保证党的各项方针、政策、路线得以顺利贯彻执行的思想保证。而大学生爱国主义教育工作更是关系到"谁来培养人、为谁培养人、培养什么人"的党和国家根基和命脉的头等大事，兼具极端重要性、长期性、复杂性、开放性等多重特点，只有在党的领导下系统推进、全面统筹，才能发挥最理想的育人效果。另一方面，只有坚持党的领导，才能始终保证大学生爱国主义教育在思想政治工作中的核心地位。大学生爱国主义教育作为一种关于爱国主义意识形态的思想教育，在振奋民族精神、凝聚民族力量、维护社会稳定和团结全国各族人民等方面具有不可替代的价值。大学生作为国家发展的重要后备力量和青年知识分子群体，对于推动国家科技、经济、

[1] 毛泽东：《毛泽东著作选读》（下册），北京：人民出版社 1986 年版，第 780 页。

文化、社会发展和维持社会稳定具有十分重要的作用，引导他们在大学阶段这一人生黄金期树立起科学的世界观、价值观、人生观，树立爱国、爱党、爱社会主义、爱中国人民的正确政治方向，与维护国家意识形态安全具有高度统一性，与促进大学生形成健全人格和实现全面发展具有内在契合性。正确地认识大学生爱国主义教育的这种特殊价值和功能，摆正其在高校思想政治工作中的位置，是完成教育任务、实现教育目标的前提。因此，中华人民共和国成立70多年来，党和国家致力于发挥大学生爱国主义教育的最大价值，不断加强对爱国主义教育的顶层设计和系统谋划，始终坚持将其作为引导大学生树立正确政治方向和提升整体素质的基础性工程，作为高校思想政治工作中的主旋律不动摇，为大学生爱国主义教育提供了坚强组织保证和制度保证，推动大学生爱国主义教育从探索发展走向了今天的创新发展阶段。

（二）确保落实“爱国、爱党和爱社会主义相统一”的本质要求

当代中国爱国主义的本质要求，就是始终坚持热爱国家、热爱中国共产党和热爱社会主义的高度统一，这是当代中国大学生爱国主义教育始终坚持的根本原则，只有始终坚持党的领导，才能将这一本质要求落到实处，保证大学生爱国主义教育的正确政治方向。

中国共产党除了工人阶级和最广大人民群众的利益，没有自己特殊的利益。不谋私利才能谋根本、谋大利，才能成为担当和领导民族复兴重任的民族脊梁、爱国典范。一百多年来，在挽救民族危亡的历史洪流中，在马克思主义同中国人民的爱国运动结合的过程中，在风云激荡、艰辛坎坷的追梦征程中，中国共产党团结带领各族人民把一个风雨飘摇、民生多艰的旧中国建成民族独立、人民解放的新中国。中华人民共和国成立70多年来，中国共产党领导中国人民在前进道路上攻坚克难、矢志奋斗，推动中国特色社会主义事业不断向前，使古老的中华民族重新焕发出蓬勃生机，向着实现民族复兴的目标坚定迈进。在革命战争时代，中国共产党始终相信青年、团结青年，把青年学生看作是青年群体中的先锋力量，发挥他们在青年群体和人民群众中的带动和引领作用，争取和带领他们跟着党走从

新民主主义到社会主义革命的道路。正如毛泽东同志所说，共产党从诞生之初就是同青年学生结合在一起的，青年学生也只有跟着党才能走上正确的道路[1]。共产党取得执政地位之后，中国共产党继承革命时期重视青年爱国主义教育的优良传统，大学生爱国主义教育被赋予了新的历史任务，那就是教育引导大学生“热爱工农劳苦大众，热爱社会主义国家，拥护人民民主专政的国家政权，热爱中国共产党，坚定对马列主义的信仰”[2]。因此大学生爱国主义教育也“获得了强制性的政治支持”[3]。从那时起，一直到新时代的今天，大学生爱国主义教育在党的坚强领导下，把当代中国爱国主义“爱国就要爱党、爱社会主义”的本质要求和核心要义落到实处，使大学生深刻明白：中国共产党从诞生那天起，就以马克思主义为理论武装，是真正代表国家和民族利益、全心全意为人民谋幸福的无产阶级政党，正是党领导人民在反侵略反分裂反压迫的革命斗争中升华了中华民族的爱国主义，在建设和改革的征途中坚持了社会主义的爱国实践，使爱国主义在中华人民共和国成立70多年的光辉历程中，始终都是中国共产党兴邦砺党、凝心聚力，引领全国人民一往无前的精神旗帜和精神优势，激发了一代代大学生的归属感和进取心，树立起对党和国家高度的政治认同，铸就了将个人奋进与党的命运紧密相连的政治自觉。

（三）坚持从爱国主义到共产主义教育的逐层上升

社会主义的爱国主义是以共产主义思想体系为理论基础、代表着社会发展方向的爱国主义，沿着从集体主义、爱国主义到国际主义、共产主义的发展道路和逻辑层次，中国共产党始终坚持加强社会主义的大学生爱国主义教育，为社会主义建设和发展汇集了大学生群体的重要力量。

1. 坚持将大学生爱国主义教育与集体主义教育相结合

社会主义的爱国主义与集体主义之间存在着紧密的内在联系，社会主

---

[1] 参见共青团中央，中共中央文献研究室：《毛泽东邓小平江泽民论青少年和青少年工作》，北京：中央文献出版社2003年版，第63页。

[2] 赵馥洁，段建海，董小龙：《中华民族爱国主义史论》，北京：中国社会科学出版社2008年版，第278页。

[3] 潘海龙，郎毅怀，田丰：《中华民族爱国主义教育通论》，延吉：延边大学出版社1987年版，第176页。

义的爱国主义其实质是以国家和民族为核心和根本的集体主义。大学生爱国主义教育始终坚持与集体主义教育相结合，是中华人民共和国大学生爱国主义教育一贯坚持的宝贵经验。

在革命战争年代，面对严峻的战争形势，中国共产党人以身作则，英勇斗争，发挥榜样示范带头作用，在反抗侵略的过程中形成了以追求社会主义为方向的革命集体主义精神，在青年大学生中产生了积极广泛的影响。正是在这样的革命集体主义和爱国主义精神的教育和感召下，青年大学生前赴后继地奔向战场，为救国救亡、争取民族独立和解放贡献了自己的力量。中华人民共和国成立之初，经历了百年反帝反侵略的战争和解放战争，我们国家物质基础十分薄弱，人民生活困苦不堪。在这样一种历史条件下，建立和发展社会主义制度，必须最大限度地激发精神力量，注重发挥集体主义价值观和艰苦奋斗的优良传统，使人民群众发展生产的积极性和创造性充分发挥出来。党继承和发扬了革命时期紧密结合集体主义教育来开展大学生爱国主义教育的重要经验，引导大学生正确认识集体主义的实质，认识集体利益与个人利益之间的辩证关系，为实行社会主义铺平道路。刘少奇指出："社会主义、集体主义不能离开个人的利益"[1]，这种科学辩证的集体主义教育，为党在过渡时期总路线的执行、社会主义改造的实施，以及第一个五年计划的如期完成提供了重要的思想保障。改革开放以来，市场经济活动导致经济生活出现了多样化发展趋势，也不可避免地带来了价值观念的多样化，再叠加个人主义、利己主义等思潮的影响，社会上和理论界开始出现关于集体主义是否还有存在价值的争论，也不可避免地影响了部分大学生对于树立和践行集体主义的观念和态度。针对这种情况，党要求必须坚持人民利益至上的集体主义和爱国主义教育，引导大学生正确把握社会主义和集体主义的本质要求，学会正确看待和处理国家、集体、个人三者利益的关系，树立健康的价值观念，自觉抵御和克服拜金主义、享乐主义、极端个人主义价值观念及其影响。从党的十四大报告到党的二十大报告中，始终旗帜鲜明地强调要坚持加强爱国主义、集体主义和新时代中国特色社会主义思想主题教育，推动大学生集体主义

[1] 刘少奇选集（下卷），北京：人民出版社1985年版，第161-162页。

教育紧密结合爱国主义、新时代中国特色社会主义教育持续开展。2020 年年初以来，我们国家暴发了新型冠状病毒疫情，在抗击疫情的过程中大学生们勇于担当、甘于奉献，体现了新时代青年大学生的集体主义精神和深厚的家国情怀，再次证明坚持与集体主义教育紧密结合的爱国主义教育，对于培养“值得信赖、堪当重任”的新时代大学生具有重要作用。

2. 坚持将大学生爱国主义教育与社会主义教育相结合

在社会主义中国，爱国与爱社会主义本质上是一致的。因为爱国主义所追求的民族独立和人民民主，是靠社会主义才能获得，爱国主义所向往的国家富强、民族振兴和人民幸福，也是靠社会主义才能实现。中华人民共和国成立以来，无论各个历史阶段大学生爱国主义教育的主要目标和具体内容如何变迁，其根本的价值指向即爱国与爱社会主义的内在统一性始终不变。

第一，在大学生爱国主义教育中开展选择社会主义道路必然性的教育。通过重点引导大学生学习中华民族的近代史和中国共产党领导人民浴血奋战的革命史，使大学生深刻认识“四个选择”的历史必然性，激发情感认同，继承革命血脉，提升大学生的爱国思想自觉，始终保持昂扬向上、奋发进取的精神状态。第二，加强科学社会主义理论的教育，培养忠诚而坚定的社会主义者。中华人民共和国成立后，面对当时大多出身封建地主和资产阶级家庭、思想良莠不齐的青年大学生，大学生爱国主义教育通过回答“什么是社会主义，如何建设社会主义”等事关社会主义制度建立和发展的关键问题，帮助大学生了解社会发展规律，逐步确立坚定正确的政治方向，提高了他们的政治觉悟。此后，大学生爱国主义教育始终坚持以系统的社会主义教育，引导大学生认清社会主义的客观规律性和科学真理性，使他们深刻懂得中国近代以来的爱国主义和中国梦始终围绕建设一个美好制度的国家而不断融合发展，经过不懈的探索和实践最终汇流于中国特色社会主义，使他们将真挚的爱国情感与理性思维相结合，支撑和引领他们坚定的爱国行动。第三，通过加强社会主义制度优越性的教育，增强大学生对社会主义祖国的深厚感情和坚持社会主义道路的政治信念。使一代代大学生深刻明白：正是党领导中国人民走从新民主主义到社会主义的革命和发展道路，才找到了实现民族独立和国家解放的正确途径，为国家逐步走向繁荣富强奠定了稳固的基础。虽然党领导的社会主义事业也在实践中遭遇过困难和曲折，但仍然表现出巨大的生命力和无比的优越性，把中华人民共和国成立时一穷二白的国家，在短短几十年间建设成世界第二大经济体，从根本上扭转了中华民族的历史命运，创造了人类社会历史上最大的发展奇迹。使每一名大学生都坚信，中国特色社会主义是必然能够带领中国人民实现民族复兴的光明之路和康庄大道。

3. 坚持将大学生爱国主义教育与国际主义教育相结合

国际主义是马克思主义的国际团结的观点，是爱国主义基于国际社会整体利益和整个人类范畴的扩展与延伸。与此同时，国际主义也具有历史性和阶级性特征，中华人民共和国大学生爱国主义教育也始终根据国际主义在不同时代背景下的具体内涵和现实要求，对大学生进行爱国主义与国际主义相结合的教育。

第一，坚持根据革命形势需要进行爱国主义与国际主义相结合的大学生爱国主义教育。在革命时期和中华人民共和国成立初期，为了阐明我国的无产阶级革命事业与世界无产阶级革命之间的内在联系，使青年大学生认识到把两者联合起来的重要性，党和国家注重结合时事，对青年学生进行国际主义的爱国主义教育。例如，在抗美援朝战争期间，全社会广泛开展国际主义的爱国主义宣传教育活动，使大学生认识到“抗美援朝就是保家卫国”，认清了美帝国主义及其悍然发动的侵略战争的本质，消除了过去一些大学生中“亲美、崇美和恐美”的错误观念。第二，坚持根据改革开放新要求进行爱国主义与国际主义教育相结合的大学生爱国主义教育。改革开放以后，随着国门的打开，世界上各种思潮纷纷涌入，大学生爱国主义教育面临着复杂的局面。党中央强调，“爱国主义教育应当与国际主义教育相结合，使学生了解我国奉行的独立自主外交路线，正确认识实行对外开放政策的必要性，既要防止盲目的排外情绪，也要反对崇洋媚外、全盘西化的思想，以增强民族自尊心和自信心。”[1] 以引导大学生正确看

[1] 教育部思想政治工作司：《加强和改进大学生思想政治教育重要文献选编（1978—2014)》，北京：知识产权出版社 2015 年版，第 49 页。

待中外对比，涵养自尊自信的民族精神。第三，坚持根据时代发展创新爱国主义与国际主义相结合的大学生爱国主义教育。党的十八大以来，面对国际格局的重大变化和国际交往的日益深化，广大教育者坚持在开展爱国主义教育的过程中引导大学生坚持立足民族的同时又面向世界，引导大学生把握爱国主义与国际主义的内在统一性，不仅是全球化时代中国扩大改革开放、主动参与全球经济治理的题中之义，更是培养既站稳国家立场，又具备国际交往能力的国际治理人才的必然要求。

4. 坚持将大学生爱国主义教育与共产主义教育相结合

大学生爱国主义教育70多年的历程生动表明，只有始终坚持马克思主义的信仰教育，引导大学生树立共产主义的最高目标和最高理想，才能为大学生爱国主义教育提供最深层、最高远的精神动力和方向指引。

树立远大的共产主义理想，做社会主义新人，是社会主义祖国对大学生的要求，必须永远坚持、永不放松。同时，只有忠诚坚定的爱国主义者，才能逐步成长为真正的共产主义者，反之，如果一个人连自己的祖国都不爱，试问又怎么可能成为一名胸怀全人类、立志为人类解放事业不懈奋斗的共产主义战士呢？中华人民共和国成立之后，人民革命和抗美援朝战争的胜利、社会主义改造的顺利完成，社会主义建设的蓬勃生机，描绘了社会主义和共产主义的美好未来，推动与社会主义、共产主义相结合的大学生爱国主义教育取得了显著成效。改革开放以来，国家工作重心转为经济建设，邓小平多次重申新形势下不能放弃爱国主义和共产主义相结合的教育。《关于加强爱国主义宣传教育的意见》中也强调：“我们要对青年分层次有步骤地进行爱国主义、集体主义、社会主义、共产主义教育”[1]，但是，随着国际国内形势发生巨大变化，从爱国主义到共产主义这一思想体系中，共产主义教育逐渐弱化[2]，由此也导致了一些严重后果，使人们深刻明白坚持走中国特色社会主义道路，是从爱国主义到共产主义的唯一途径。党的十八大以来，习近平总书记强调：“要在坚定理想

[1] 教育部思想政治工作司：《加强和改进大学生思想政治教育重要文献选编（1978—2014）》，北京：知识产权出版社2015年版，第18页。

[2] 参见刘书林：《中华人民共和国70年高校思想政治教育发展主要经验和规律》，《思想教育研究》2020年第7期，第36-44页。

信念上下功夫，教育引导学生树立共产主义远大理想和中国特色社会主义共同理想”[1]，把爱国主义和社会主义、共产主义相结合的教育提到关乎社会主义前途命运的高度，为坚持爱国主义教育和共产主义教育相结合提出了明确要求。中国特色社会主义在短短几十年间取得的巨大成就，充分证明了科学社会主义体系的真理性，确证了共产主义的社会发展规律和历史潮流，焕发了不可比拟的精神动力，也为坚持和深化从爱国主义到共产主义这一思想体系的教育提供了重要契机。

三、坚持把学校教育作为大学生爱国主义教育的主阵地

“在任何一个文明社会中，学校教育体系都是塑造整个社会机体神经系统的所在”[2]，中华人民共和国成立以来，党和国家始终坚持把学校教育作为大学生爱国主义教育的主阵地，将思想政治理论课作为主渠道，将教师队伍作为开展爱国主义教育的主力军，把爱国主义教育贯穿到大学教育的全过程中。

（一）坚持加强阵地建设，充分发挥学校教育的主阵地作用

开展好大学生爱国主义教育的保障和前提，就是牢固树立阵地意识，将坚守和建设好学校爱国主义教育主阵地作为基本任务，筑牢有效开展大学生爱国主义教育的重要基石。爱国主义情怀的培养是一个长期的、反复的、系统的过程，不同的教育者与受教育者之间爱国思想和爱国情感传递和培育的范围和深度广度也是有所区别的，只有学校教育才能在最大程度上保证将党和国家关于爱国主义教育的政策方针落细落小落实。同时，学校教育使大学生处于一定的学习群体中，相互间的激励和感染能够更好地激发大学生的学习积极性和主动性，而且学校爱国主义教育内容的具有普

[1] 习近平：《坚持中国特色社会主义教育发展道路 培养德智体美劳全面发展的社会主义建设者和接班人》，《人民日报》2018 年 9 月 11 日。

[2] 沈壮海：《兴国之魂——社会主义核心价值体系释讲》，武汉：湖北教育出版社 2014 年版，第 151 页。

遍性和基础性的特点，能够对大学生今后爱国认知和爱国思想的持续提升产生长远价值，为大学生的终身发展和追求更高的人生境界奠定坚实的基础。因此，以学校教育为坚强阵地，由党和国家主导、整体设计和统筹安排学校爱国主义教育体系，寓爱国主义教育于思想政治理论课教学、专业课程教学、其他通识课程教学和第二课堂等学校主要的活动之中，做到各有侧重、各有特色、相互协调、相互补充，才能推动大学生爱国主义教育顺利实施并取得最佳效果。早在抗战时期，中国共产党就先后创办了延安抗日军政大学、陕北公学、延安大学等各种高等学校60多所。在这些高校开设“马克思主义基本理论”“社会科学概论”“中国革命运动史”“中国革命问题”“革命文选”“时事教育”等课程，为大学生爱国主义教育的开展提供了重要内容和载体，为党在革命时期争取、团结和教育青年提供了重要阵地。中华人民共和国成立以来，党运用掌握的上层建筑的力量，改造和创办社会主义高校，彻底改革高校政治理论课，构建新的政治理论课体系，把大学生爱国主义教育作为实现又红又专的育人目标的中心环节，为高校落实“为党育人、为国育才”的根本目标提供坚强保障。在长期的大学生爱国主义教育实践中，学校各个教育部门不断提升阵地意识，加强阵地建设，在党委统一领导下有所侧重地承担并完成好实施爱国主义教育应尽的职责和任务。一方面充分发挥课堂教育，尤其是思想政治理论课的主渠道作用，利用集中的时间，有计划、有目的、循序渐进地向大学生进行爱国主义教育，实现教育者和教育对象之间的情感交流和知识传递，从根本上确保大学生爱国主义教育的目标得以顺利实现。另一方面把爱国主义教育贯穿学校教育的整个体系，在进行规划、计划和安排工作时从全局出发，把实施大学生爱国主义教育同“教书育人、管理育人、服务育人”的工作有机结合起来，将爱国主义渗透到教育教学和校园文化的各个方面，在齐抓共管、合力育人中切实发挥学校教育的主阵地作用。

（二）坚持加强内涵建设，充分发挥思想政治理论课的主渠道作用

纵观从中华人民共和国成立以来高校思想政治理论课程体系的演进过程，可以看出爱国主义教育历来是思想政治理论课的核心内容，在思想政

治理论课的历次改革和调整过程中，始终根据时代发展进步推动爱国主义教育内容的充实和更新，成为将爱国主义思想和内容畅达地传递给教育对象的主渠道。

一方面，从课程性质上来说，思想政治理论课是对大学生进行思想政治教育、培养其正确政治素养和高尚道德情操的主要课程，必须坚持把爱国主义教育作为主要内容。高校思想政治理论课具有明确的教育和教学目的，有特定的教育内容与活动计划、有系统的指导和特殊的教育条件，是按照党和国家要求把大学生爱国主义教育落在实处的根本保障和核心途径。从中华人民共和国成立伊始，党和国家就把政治理论课作为高等教育体系的重要组成部分，通过符合社会主义意识形态的大学生爱国主义教育巩固党的领导和人民民主专政的国家政权。此后，在长期的实践过程中，党和国家根据社会发展要求和增强教育效果的实际需要，组织专家和学者对学校思想政治理论课进行了多次的改革和调整，不断完善思想政治教育的学科体系和课程体系，不断优化教育内容和教学方法、始终保障思想政治理论课的学时充足，保障爱国主义教育的内容充实，使大学生爱国主义教育得以顺利地实施。

另一方面，实现了爱国主义教育同思想政治理论课有机地结合并贯穿教育全过程。伴随着中华人民共和国70多年的发展，党和国家在对社会主义理论与实践孜孜探索的基础上，不断丰富爱国主义的内涵，根据时代要求对高校思政理论课进行改革，从“56方案”“64方案”到“98方案”“05方案”，再到2019年中共中央办公厅国务院办公厅《关于深化新时代学校思想政治理论课改革创新的若干意见》，在不断推进思政课课程体系的科学化、系统化、创新性发展的过程中，始终坚持当代中国爱国主义的鲜明主题和本质要求，始终将爱国主义教育作为思想政治理论课的核心内容，为各个时期大学生爱国主义教育的开展提供强有力的保障，使大学生爱国主义教育在实践中不断取得新进展和新成效。在此过程中，既始终紧密结合社会主义初级阶段的发展轨迹，深刻剖析国内经济社会发展提出的新问题、凸显的新矛盾，尤其是21世纪以来，经济全球化带动世界经济、政治、社会、文化格局的急剧变化，用新的眼光来看待和评估这些变化对大学生爱国主义教育发展的新要求，作出新回应。同时始终紧密结合社会精神文化的新发展，结合大学生在学习、生活实际中产生的新问题和爱国主义思想观念的新变化，坚持“贴近实际、贴近生活、贴近群众”的基本原则，努力探索学校思政政治理论课的新方法和新手段，不断提高大学生爱国主义教育的感召力和吸引力。

（三）坚持加强思想建设，充分发挥思政课教师的主力军作用

伴随中华人民共和国70多年风雨历程的洗礼，大学生爱国主义教育之所以能够得到发展和取得实效，关键在于党和国家始终致力于高校思想政治工作队伍的思想建设，确保了党和国家教育方针和爱国主义教育有关要求的落细落小落实。

中华人民共和国成立初期，为了肃清国民党时期的各种反动思想，使知识分子的爱国热情转变为支持和建设社会主义制度的实际行动，党把对知识分子的思想改造作为重要工作，循序渐进地在全国高校进行了多次的思想改造学习活动和实践活动。毛泽东同志强调：“为了充分适应新社会的需要，为了同工人农民团结一致，知识分子必须继续改造自己，逐步地抛弃资产阶级的世界观而树立无产阶级的、共产主义的世界观。”[1] 各个高校广泛组织广大教师，尤其是政治理论课教师进行思想改造，加强理论学习，肃清旧思想旧观念残余，为大学生爱国主义教育的顺利开展扫清思想障碍。进入改革开放新时期以来，高校教师队伍建设也曾一度出现波折，一些非社会主义的思潮甚至反社会主义思潮和颠覆性的舆论，竟一度在课堂上和校园内大肆传播，使大学生的爱国认知产生了混乱，消解了大学生爱国主义教育的效果。面对这种情况，党和国家出台了一系列文件和制定了相关的规章制度，加强学校党建工作和思想政治工作，对思想政治工作队伍提出了明确要求，强化思想政治工作队伍建设的制度保障，使大学生爱国主义教育克服了严峻挑战。人们更加深刻地认识到，教师的一言一行直接关系到大学生爱国思想、道德情操和政治觉悟水平的高低。党的十八大以来，思想政治工作队伍在整个教育体系中的重要性更加凸显，无

[1] 《毛泽东文集》（第7卷），北京：人民出版社1999年版，第225页。

论是全国教育大会、还是全国思想理论课教师座谈会等会议上，习近平总书记都对广大思政课教师提出了殷切期望，要求广大教师要提升自我修养，提升对党和国家的高度认同，也要“积极引导学生热爱祖国、热爱人民、热爱中国共产党”[1]，各级教育主管部门不断加强对思想政治工作队伍的关心和培养，形成了许多行之有效的教育培训和师德师风建设制度，引领广大思政课教师始终同党和人民站在一起，忠实于党和人民的教育事业，当好爱国主义的践行者和教育者，在学生心里“种下爱国主义的种子”，点燃学生对真善美的向往。

四、坚持紧扣爱国主义的时代主题开展大学生爱国主义教育

中华人民共和国大学生爱国主义教育，始终追随着实现中华民族伟大复兴这一宏大愿景，根植于每一阶段中国建设发展实际，从而获得了不断发展进步的无穷活力。这表明只有始终关注和正确把握爱国主义的时代主题，立足于党领导的爱国实践开展教育活动，培养满足党和国家事业需要的爱国人才，才能实现大学生爱国主义教育社会价值和个人价值的高度统一。

（一）实现中华民族伟大复兴是当代中国爱国主义的鲜明主题

当代中国爱国主义以实现中华民族伟大复兴为主题，既蕴含了中国自古以来生生不息的奋发图强的价值理想，以及近代以来中华儿女砥砺奋进、重振家国的内心渴望，更深刻体现了当代中国特色社会主义的本质追求，从而成为团结全体中华儿女像石榴籽一样紧紧抱在一起的最大公约数，在新的理想高度擎举凝聚人心、鼓舞斗志的精神旗帜。

[1] 习近平：《做党和人民满意的好老师——同北京师范大学师生代表座谈时的讲话》，《人民日报》2014 年 9 月 10 日。

1. 实现中华民族伟大复兴是近代以来全体中国人的梦想

在历史上，中华民族曾经有过繁荣昌盛的时期。文景之治、汉武盛世、贞观之治、康乾盛世等等盛世景象，彰显了中华文明的灿烂悠久和中华民族的勤劳智慧。中国人民所创造的领先于世界的科学技术和生产力，为人类的发展和进步做出了卓越的贡献。然而，人类社会进入西方工业文明时代以后，由于封建统治的腐败和西方列强的入侵，中国逐渐衰落了，中国人民开始坠入苦难的深渊。鸦片战争的炮火、八国联军的烧杀抢掠、日本侵略者的滔天罪行，击碎了东方文明古国的尊严，瓦解了中华民族的自信。贫穷落后、割地赔款、任人宰割……面对饱经沧桑的国家和民族，实现民族复兴的梦想成为每一名中国人内心的渴望和努力追求的目标。几经黑暗中的求索和抗争，中国共产党在历史的呼唤中应运而生，东方的黎明终于浮现了希望的曙光。从这时起，中国共产党带领全党全国人民所追求和践行的全部爱国主题，就是要重振家国，把对复兴的渴望化作前进的动力，坚决实现国家富强、民族振兴和人民幸福的美好愿景。从这时起，中国共产党带领全党全国人民开启了一场艰苦卓绝的彻底的民族民主革命，经过28年的浴血战斗，付出了巨大的代价和牺牲，终于使一个崭新的中国重新昂首站立在世界东方。自此，长期以来压迫在中国人民身上的“三座大山”终于被彻底推翻，中国人民终于重新站了起来。近代以来中国人民执着追求的中华民族伟大复兴的梦想，终于在中国人民的共同努力下迈出了最重要最坚实的一大步。

2. 实现中华民族伟大复兴是当代中国爱国主义实践的根本主题

习近平总书记指出：“一百年来，中国共产党团结带领中国人民进行的一切奋斗、一切牺牲、一切创造，归结起来就是一个主题：实现中华民族伟大复兴。”[1] 这是对党领导人民建设和发展国家的百年奋斗征程的集中概括，指明了当代中国爱国主义实践的根本主题。中华人民共和国的成立，揭开了中国历史的新篇章，中国人民第一次真正成为国家的主人，在中国共产党的领导下踏上了创造幸福美好生活的新征程。随着旧中国四分

[1] 习近平：《在庆祝中国共产党成立100周年大会上的讲话》，《人民日报》2021年7月2日。

五裂、一盘散沙、任人欺凌的局面被彻底扭转，中国人民饱受屈辱的日子一去不复返了，尽管在党和人民面前，还存在着许多严峻的考验，还有许多亟待解决的问题，但全国各族人民空前团结，爱国热情空前高涨，中华大地呈现生机勃勃的新景象。为了改变旧中国一穷二白的面貌，集中力量恢复国民经济，改善人民生活水平，逐步建立起一个繁荣昌盛的社会主义现代化国家，党带领全国各族人民继续发扬艰苦奋斗的工作作风，掀起了国家经济建设的高潮，为建立社会主义制度奠定了基础。1956 年，社会主义改造基本完成，社会主义制度随之建立起来。从这时起，党把领导全国各族人民大力发展社会生产力、团结一切可以团结的力量把国家建设为一个社会主义现代化强国作为根本任务。1956 年 9 月，在中国共产党第八次全国代表大会上，毛泽东满怀信心地说："已经得到解放的中国人民的力量是无穷无尽的"[1]。正是这种无穷无尽的力量，使中国人民的爱国思想、政治觉悟和精神境界都发生了根本的变化。改革开放 40 多年来，从邓小平一直到习近平同志为核心的中国共产党的历届领导人，进一步深化了爱国主义的时代价值，支撑和鼓舞了中国特色社会主义事业，使我们在建党一百年之际实现了全面建成小康社会的宏伟目标，启动了全面建设中国式现代化的新征程，使实现中华民族伟大复兴中国梦的基础更加坚实、前景更加美好、境界更加接近。

3. 实现中华民族伟大复兴必须以爱国主义为根本动力

实现中华民族伟大复兴中国梦，系统整合国家、民族、个体的价值追求和共同愿望，具有深厚的历史渊源、文化底色和现实基础，指引中国特色社会主义道路的发展方向，能够在人民群众激起强大的情感共鸣和行为感召。中国共产党带领全国各族人民历经百年爱国主义实践，使这个梦想日益清晰地呈现在中国人民眼前。但这个梦想的最终实现，还需要全党全国人民坚持不懈地实践和奋斗，还需要爱国主义的精神动力和精神指引。因为爱国精神向来就是爱国行动的坚硬支撑和内在动因，是爱国主义实践不可替代、不可或缺的力量之源。从本质上说，爱国主义精神作为中华民

[1] 毛泽东：《中国共产党第八次全国代表大会开幕词》，北京：人民出版社 1956 年版，第 7 页。

族最宝贵的精神遗产，集中体现了中华民族的思想品格和精神追求，它不是停留在浅表层的心理和情绪，而是中国人民在长期的实践中浇筑、积淀、传承下来的优良传统，是深深植根在中国人基因和气质中的坚定意志和顽强信念，是一种不会轻易撼动的价值观结构和精神体系。从历史上看，爱国主义精神维系着华夏大地各族儿女的团结统一，砥砺着中华儿女为祖国的繁荣富强不懈奋斗，成为推动经济社会发展、推动社会实践的重要精神力量。特别是在追逐和实现民族复兴的进程中，中国共产党领导中国人民不断发展和升华了爱国主义的精神伟力，为爱国主义实践提供了持久力量和不竭源泉，构筑了中国人民的共有精神家园。因此，离中国梦越近，就越要奏响爱国主义的主旋律，激发中国各族人民脚踏实地、攻坚克难的内在动力和坚定意志，汇聚 14 亿人同心共筑中国梦的磅礴力量。

（二）大学生爱国主义教育承担相应的价值目标和历史使命

爱国主义的全部生命力就在于它必须见之于实践，爱国主义的精神动力作用也只能通过实践才能体现。因此，大学生爱国主义教育必须扎根实现中华民族伟大复兴的伟大实践，自觉承担起相应的价值目标和历史使命。

大学生爱国主义教育的根本目标是大学生爱国主义教育过程的起点和归宿，它体现了时代的发展变化，概括了国家、社会和教育者的期望，从根本上规定了大学生爱国主义教育的方向和内容，在整个教育过程中起着十分重要的导向、激励、调控作用，影响着不同阶段大学生爱国主义教育的具体目标、途径和方法。中华人民共和国大学生爱国主义教育作为归属于国家上层建筑的特殊社会实践活动，其价值旨归和核心使命就是紧扣中华民族伟大复兴的鲜明主题，培塑大学生的爱国情、强国志和报国行，为大学生努力实现中国梦提供强大的精神支柱和精神动力，激励大学生奋力追逐和实现中国梦。在实践中，以引导大学生奋力追逐和实现中华民族伟大复兴中国梦为大学生爱国主义教育的根本目标，要清楚指出并辩证地诠释当代大学生在实现中国梦的奋斗征程中所承担的历史使命。习近平总书记强调："新时代中国青年的使命，就是坚持中国共产党领导，同人民一道，为实现'两个一百年'奋斗目标、实现中华民族伟大复兴的中国梦而奋斗。”[1]中国梦既是一个历史概念，又是一个时代主题，既与中国近代以来的历史进程相连，又伴随当代中国特色社会主义实践的推进而呈现出越来越光明的前景，为党和国家在不同发展阶段明确阶段任务，使爱国主义不断获得新的时代内涵，赋予大学生爱国主义教育新的时代内容，推动大学生爱国主义教育始终彰显出鲜活的时代价值。当代大学生是国家各项事业的生力军和接班人，也是中国梦的追梦人和寄托者，必须教育引导他们努力学习先进科学技术，掌握过硬专业本领，在国家梦、民族梦的指引下构筑和追寻自己的个人梦想。而中华人民共和国大学生爱国主义教育 70 多年砥砺前行所取得的最大成就，就是始终以此为价值目标和历史使命，引领一批批青年大学生在党和国家的殷切期望、高度关怀和精心培育下，从重要的后备力量，成长为堪当大任的中坚骨干，为中国梦的实现汇聚了一代代大学生的青春力量。

（三）大学生爱国主义教育要为实现中华民族伟大复兴凝聚青年力量

实现中华民族伟大复兴的中国梦，从历史大脉络中演绎生发出来的，彰显中华民族的美好未来，统摄现实与理想，包容个人和集体，指向民族与国家，所以，它必然具有社会价值和个人价值的高度统一性和内在契合性。大学生爱国主义教育在 70 多年的长期实践中，根据党和国家的阶段性任务和社会发展实际，引导一代代青年大学生把个人理想融入中国特色社会主义共同理想中，把个人奋斗融入实现国家富强、民族振兴、人民幸福的共同奋斗中，最终把个人价值的实现和社会价值的实现有机统一起来。

1. 助力培养青年大学生成为中华人民共和国革命和建设事业的生力军和新型建设者

中华人民共和国成立后，巩固新政权、建设新国家成为时代的主题，成为全国各族人民的共同愿景。对于大学生爱国主义教育而言，其根本任务就是围绕兴国这一主线，培养大学生具有坚定正确政治方向和爱国主义精神，使青年成为立场坚定、无私奉献的革命者和建设者。毛泽东指出：

[1] 习近平：在纪念五四运动 100 周年大会上的讲话，《人民日报》2019 年 5 月 1 日。

“我国的艰巨的社会主义建设事业，需要尽可能多的知识分子为它服务。”[1] 因此，大学生爱国主义教育以培养“又红又专”的青年人才为指向，引导大学生为社会主义中国的前途而奋斗。1954 年，交通大学数千师生秉持着“党要我们去哪里，我们背上行囊就去哪里”的信念，坚决地服从党中央“向科学进军、建设大西北”的号召，从繁华的上海搬迁到寂寥的古城西安，熔铸了“西迁精神”这一老一辈知识分子爱国奋斗的精神丰碑，为西部发展、国家建设奉献了智慧和力量。被誉为“敦煌女儿”的樊锦诗教授曾说：“1963 年，我从北京大学考古专业毕业的时候，报效祖国、服从分配，到最艰苦的地方去等都是影响青年人人生走向的主流价值观。”[2] 在改变国家落后面貌的艰苦创业中，许许多多的优秀青年人才听党指挥、甘于奉献，真正发挥了突击队和生力军的作用，奠定了中华人民共和国日益走向繁荣昌盛的坚实根基。

2. 助力培养青年大学生成为党和国家改革事业的奋进者和开拓者

党的十一届三中全会后，中国发展进入改革开放新时期，开启了探索中国特色社会主义道路的新征程，迫切需要以爱国主义振奋民族精神，迫切需要大学生爱国主义教育发挥实效，把大学生紧紧团结在党中央周围。邓小平向青年们发出深情的呼吁：“对我们的国家要爱呀，要让我们的国家发达起来。中国穷了几千年了，现在是改变这种状况的时候了！”由此，这一时期大学生爱国主义教育以富国为鲜明主题，把党提出的培育有理想、有道德、有文化、有纪律的社会主义新人，作为新时期大学生爱国主义教育的核心任务，引导广大青年大学生关注改革开放的新向度和新要求，刻苦学习、磨炼意志、锐意创新，在改革开放的时代浪潮里开拓奋进、砥砺前行。广大青年大学生发出“团结起来，振兴中华”的时代强音，勇做中国特色社会主义事业的排头兵，以敢为人先的锐气、创新创造的勇气、艰苦奋斗的志气，在改革开放的时代前列和各条战线作出了突出贡献。20 世纪 90 年代以来，社会主义市场经济和信息社会的蓬勃发展，

---

[1] 建党以来重要文献选编（第 15 册），北京：中央文献出版社 2011 年版，第 225 页。

[2] 曹国强主编：《弘扬爱国奋斗精神 建功立业新时代若干问题解析》，北京：东方出版社 2018 年版，第 245 页。

既为大学生群体提出了新的要求和挑战，也使他们获得了新的发展机遇，在国家经济、政治、文化、军事各条战线涌现出许多青年突击队、青年带头人、青年技术革新能手等模范群体和模范人物，他们在各自的岗位上迸发出强大的青春力量，以自己的实际行动展现了中国青年代代相承的爱国之情和强国之志。

3. 助力培养大学生成为新时代的奋斗者和追梦人

进入新时代以来，我们国家发展站上了一个新的大台阶，站在了离中华民族伟大复兴最近的地方，也比历史上任何时期都更加渴求人才，广大青年大学生可以说是生逢其时、肩负重任。与此同时，复杂多变的国际政治局势和暗流涌动的意识形态斗争，使大学生爱国主义教育面对的新课题也更加集中、更加多样、更加复杂，大学生爱国主义教育在新境遇、新要求面前仍然表现出一些不够适应的地方、尚且薄弱的环节、亟待解决的问题。因此，这一时期中国共产党着眼百年未有的大变局，立足于决胜全面建成小康社会的历史节点，牢牢把握维护意识形态领域安全的领导权和主动权，把培养堪当民族复兴大任的时代新人作为大学生爱国主义教育的主题主线。组织者和教育者们充分落实以中国梦为主题的爱国主义教育的本质要求，聚焦提升和发挥大学生爱国主义教育强基固本、凝魂聚气的硬核力量，着力培养大学生深厚的爱国情怀，增强大学生创新创造的活力和报国强国的动力。使大学生把个人的理想与祖国的前途命运紧密联系在一起，把个人奋斗深深扎根于全体人民的共同奋斗之中，把爱国情怀体现在奉献国家和民族的切实行动中。在扶贫攻坚的冲刺阶段，在攻克“卡脖子”技术的创新途中，在讲好中国故事的舆论平台，到处都有新时代大学生弘扬爱国精神、展现青春风采的昂扬之姿，他们绚烂的青春之花绽放在党和国家最需要的地方。

五、坚持正确把握厚植大学生爱国主义情怀的内在规律

习近平总书记多次强调，培养社会主义建设者和接班人，要在厚植爱

国主义情怀上下功夫[1]。爱国主义情怀，实质上是融爱国认知、爱国之情、强国之志、报国之行为一体的复合性主体状态。[2] 心理学研究认为，爱国主义的心理结构，是由认知、情感、意志、行为四方面组成的，其生成依循知、情、意、行由浅入深、依次递进、循环往复的发展逻辑，是完成大学生爱国主义教育的重要内在机制。在中华人民共和国大学生爱国主义教育的长期实践过程中，大学生爱国主义教育的教育者和研究者们也越来越深刻认识到，要使大学生爱国主义教育真正实现塑造灵魂、培养新人的根本目的，必须遵循爱国主义情怀生成的内在规律，始终坚持促进大学生爱国主义知、情、意、行的协调发展。

（一）坚持以系统理论教育提高大学生的爱国认知

爱国主义教育首先是一种认知教育。“情感的发展包括爱国情感的发展都离不开认知水平的发展，认知发展是孕育情感的基础。”[3] 不以良好认知为基础开展情感教育，就会使爱国主义教育成为无源之水、无本之木。朴素的爱国主义情感要上升为理性的爱国主义情怀，并形成坚定的意志和自觉的行动，必须以良好的爱国认知作为基础。

第一，教育引导大学生形成良好的爱国认知，是大学生爱国主义教育的重要起点。人的全部的情感反应都是以一定的思想认识和是非观念为基础的，没有人的善恶观念、是非观念，就不会产生完全不同甚至对立的情感基础或情绪反应。只有在社会实践中经过人的理智活动和认知活动形成人的是非观念和价值判断，才有人的善恶观念和相应的情绪体验。也就是说，认知对情感的产生和发展起着根本性的作用，并决定情感的性质，控制和引导情感的发展和表达。从认知形成的过程来看，它是一个由表及里、由现象到本质，由量变到质变，具有明显的复杂性、反复性和长期性

[1] 参见习近平：《用新时代中国特色社会主义思想铸魂育人 贯彻党的教育方针落实立德树人根本任务》，《人民日报》2019 年 3 月 19 日。

[2] 参见刘建军：《厚植爱国主义情怀的理论阐释》，《思想理论教育》2019 年第 9 期，第 14 页。

[3] 梅仲荪、段慧芬主编：《爱国情感教育心理学初探》，人民教育出版社 1996 年版，第 34 页。

的发展过程，不仅随着年龄、智力以及生存环境变化而有所差异，同时渗透在情感、意志和行为之中。从认知活动的目的来说，就是要通过从客观实际出发，寻找和把握事物固有的内在规律和本质面貌，也就是要通过“实事求是”的理论探索和理智活动获得正确的行动导向。所以大学生爱国主义教育必须以课堂教育为主渠道，通过系统的理论教育使大学生获得关于爱国主义的理性认识，形成正确的价值判断和是非观念，并推动其爱国情感的生发和行为的转化。

第二，教育引导大学生形成良好的爱国认知，是爱国主义作为观念形态的本质决定的。爱国主义作为一种社会意识形态，是人们对客观现实的感悟和认知，强烈地影响着人们的思想和行为，它必然要随着历史的演进而最大限度地扩张和发挥作用，从而推动历史前进。因此，爱国主义从来就是具体的、历史的，而不是抽象的、空泛的。当代中国特色社会主义的爱国主义，是在我国无产阶级革命斗争的实践中产生和发展的，它建立在对社会规律的正确认识的基础之上，科学地把朴素的爱国情感同明确的政治方向结合起来，把为祖国为人民争取进步的斗争同世界人民的革命斗争联系起来，它既是中华民族自古以来爱国主义的道德规范和价值取向的绵延，又是在我国无产阶级革命斗争中形成和发展起来的新的政治原则和行为规范。正因如此，中华人民共和国大学生爱国主义教育必须始终坚持以理论教育为根本，引导大学生科学认识和全面把握当代中国爱国主义的发展历程和发展趋向，自觉接受和认同当代中国爱国主义思想体系。

第三，回溯中华人民共和国70多年的大学生爱国主义教育，只要坚持按照大学生的认知发展规律安排教学活动，提出教学要求，使大学生从点滴积累、逐步提高，在量变到质变的认识过程中得到进步，就能够取得良好的教育效果。对于大学生而言，他们正处于学习的黄金时期，大学教育是建构完整知识体系的重要途径和重要阶段。所以，大学生爱国主义教育始终坚持通过透彻讲解爱国主义的系统理论，突出其本质特征，发展大学生的分析判断能力和理性思维。首先引导大学生学习马克思主义的世界观和方法论，掌握正确学习和建构爱国主义知识体系的理论武器，为大学生自觉地遵循国家和社会的客观规律、改造客观世界和主观世界奠定基础。

其次始终将基本国情、形势政策、国家统一和民族团结、国家安全等方面的知识作为大学生爱国主义教育的基本内核，使大学生了解自己国家的政体、国体、制度、法律为何物，深刻认识到中国的发展道路和发展模式的强大生机活力；其三坚持以民族历史文化为主题，提高大学生的文化心理素质，培养学生正确的历史观、文化观、民族观和国家观，提升大学生的国家意识和国家认知，为形成高度的民族认同和国家认同构建前提。最后通过分层次有步骤地进行爱国主义、集体主义、社会主义、国际主义、共产主义教育，使大学生能够更加科学全面地、更深层次地理解爱国主义的理论渊源、内涵外延、现实要求，使大学生对从爱国主义到共产主义的发展规律形成客观认识，为厚植大学生的爱国情怀、人类情怀奠定坚实基础。

（二）坚持以历史文化教育涵养大学生的爱国情感

爱国情感是产生爱国行为的内部动力，在形成良好认知的基础上厚植大学生的爱国情感，是大学生爱国主义教育的重要目标，也是大学生爱国主义教育的重要一环。

第一，人的情感以人的认知为基础，受到人的认知水平的支配与引导，人的认知水平对人的情感发展和情感倾向具有十分重要的导向作用。这种情感倾向的形成以人的价值评价为基础，凡是与主体的内在需要和价值评价相一致的情感，会形成肯定的情感，反之，则会形成否定的情感。人们总是诞生在一定的国度里，生活在一定的民族中，在这里共同生活、学习、工作，受到本国本民族文化礼俗的熏陶，于是便形成一种强烈的民族意识和爱国之情。但是，这种个体的朴素的爱国情感具有自发性和盲目性，只有借助于理智的认识、判断和选择作用，使人们正确认识国家利益与自身利益的高度一致性，才能使爱国主义成为自觉的价值判断，使这种爱国之情不仅指向祖国的人民和骨肉同胞，还指向祖国壮丽的山河、灿烂的文化和悠久的历史，而且表现在对祖国、对民族的前途命运的关心上，表现为理性而稳固、深层而持久的爱国情怀，从而保障人们的爱国行为和实践沿着进步的方向前进，不因偶发的、暂时的困难或挫折出现价值失灵或选择偏差。

第二，人的情感对探索和追求真理的认知活动起着重要作用。列宁曾指出：“没有‘人的感情’，就从来没有也不可能有人对于真理的追求。”[1] 李大钊、陈独秀等党的先驱，如果没有对帝国主义列强的侵略和封建军阀无耻卖国行径的痛恨，如果没有对旧中国饱受欺凌的中国人民的同情和热爱，就不会用生命去探寻如何能让中国人真正地有国可爱，就不会矢志求索、相约建党，以马克思主义的真理引领中国人提升思想境界，奋力实现爱国的理想和追求。中华人民共和国大学生爱国主义教育的重要目标和重要经验之一，就是要在教育大学生形成良好爱国认知的基础上，培育大学生持久、理性、深厚的爱国主义情感。就爱国情感的性质来说，它是以多种情感体验为基础的综合性情感，具有高度的概括性，它的形成是一个多因素、多阶段、多层次、多水平的逐步孕育、不断深化的过程。[2] 而作为教育对象的大学生也体现明显的差异性和多样性，就整体而言他们是人群中受教育水平较高的青年知识分子群体，其思维能力和认知水平正处于高速发展的时期。但是，由于其具体生活环境、受教育水平、智力因素、专业背景、个人成长经历等的不同，他们的爱国主义的认知、感情和觉悟的程度也是不同的，而且其所处社会发展阶段的整体氛围对他们所产生的影响也是不同的。因此，必须根据时代变迁和时代要求，把握大学生自身的具体特点和爱国情感生发的内在规律，激发和培育大学生的深厚爱国情感，使青年大学生的爱国之情由自发转向自觉，并最终落实在实际行动上。

第三，中华民族灿烂悠久的历史文化，是涵养大学生爱国情怀的深厚土壤。习近平总书记指出：“我们是中华儿女，要了解中华民族历史，秉承中华文化基因，有民族自豪感和文化自信心。”[3] 只有通过对历史和文化的学习和了解，才能让大学生懂得我们曾经是一个什么样的国家，将来又要发展成一个什么样的国家，在不断提升国家认知的基础上加深对国家

---

[1] 《列宁全集》（第20卷），北京：人民出版社，1958年版，第255页。

[2] 参见梅仲荪、段慧芬主编：《爱国情感教育心理学初探》，人民教育出版社1996年版，第33页。

[3] 《习近平在北京大学师生座谈会上的讲话》，《人民日报》2018年5月3日。

和民族的真挚情感，增强对中华五千年文明的自豪感和文化自觉，促进中华民族担当精神代代相传，为国家和社会发展注入不竭的力量和养分。爱国主义情感的形成是一个长期的过程，它不仅需要由学校层面进行集中的爱国主义认知教育和情感培育，而且还需要浓厚的爱国文化氛围的滋养和熏陶。因此在长期实践中，党和国家不仅在学校教育中始终坚持加强中华民族悠久历史和文化的教育，同时也十分注重在全社会营造浓厚的爱国文化氛围，形成全面覆盖和持之以恒的爱国主义教育文化场域。作为中华民族共同的精神之源，中华民族的历史和文化有强大民族认同、文化认同功能，能够促进大学生形成中华民族心理自觉和中华民族归属自觉。尤其是伴随着全球化和信息化时代的深化发展，在文化多元化、民族交融日益深入的时代背景下，坚持以中华民族悠久的历史文化为依托，探讨深层的民族文化心理，探寻绵延千年的中国传统文化中可供继承的价值因素，将其中所蕴含的民族思维和民族气质培育和巩固大学生的中华民族共同体意识，使大学生产生发自内心的坚定不移的爱国情感。

（三）坚持以形势政策教育砥砺大学生的爱国意志

爱国主义的意志，是调节爱国行为的精神力量，是为了实现一定的爱国行为而克服一切困难和障碍的强大动力。爱国主义意志是在爱国主义认知和情感的基础上形成的，又能反过来激发爱国情感，坚定爱国意志，推动爱国行为发生，并表现出坚定性和一贯性。

一方面，人们的爱国情感以及由此而产生的情感动力，具有其他一般性情感不具备的社会高度，既以人们的爱国认知为基础，也在很大程度上受到爱国意志的制约和影响。人的坚定的爱国意志，是由稳定的社会关系决定的，人们对祖国所代表的各种价值需要，以及祖国对这种需要的满足，构成爱国主义情感稳定的内容，进而在此基础上形成稳固的心理素质和爱国意志。人们强烈的爱国情感是人的爱国主义精神振奋的重要表现，也是推动人们的爱国思想发展和爱国行为的重要精神动力。但是这种爱国热情能否化为内在的价值准则和实践中的爱国行为，特别是在国家、民族或者自身遭遇挫折、挑战、困难时能否得到长久而坚定的维持，人是否能始终保持一种进取不移的爱国心和报国行为，从根本上来说取决于人的坚定的爱国意志。这种坚定的爱国意志具有深刻、稳固和持久的特性，表现在不因个体所受的时空变化而改变和转移，也不会因外界的不利因素或消极影响而扭曲，更不会因为祖国的贫穷落后或遭遇挫折而背离。表现在个体能够自觉担负历史和社会赋予的义不容辞的责任，矢志为国家的发展强大无条件地奋斗和贡献。因此，厚植大学生的爱国情怀，必须砥砺他们的爱国意志，使爱国意志能够充分地激发大学生的爱国情感，使他们用实际行动促进国家和民族的发展。

另一方面，中华人民共和国70多年大学生的爱国主义教育表明，深入开展国情教育和形势政策教育，引导青年大学生正确认识国情和形势政策，充分了解国家发展历程和成就，正确看待外部挑战和现实困境，能够砥砺大学生坚定顽强的爱国意志。中华人民共和国成立以后，在党的领导下中华人民共和国迅速发展，但存在着人民群众对中华人民共和国的认识落后于国家的变化和发展的问题，一些人对党的领导和国家的前途仍有犹疑，“近几年来，我们国家在各方面的变化实在太多、太大、太快，而我们对它的认识，却往往落后于现实的发展，所以很需要对自己国家的面貌、情况，求得一个比较完整的了解”[1]。因此，大学生爱国主义教育继承了革命战争时期中国共产党开展国情教育的优良传统，以“我们祖国发生了些什么变化”“怎样来认识我们伟大的祖国”等基本国情问题为主，使青年大学生认识到“我们优越的社会制度，就是我们国家今天空前强大的原因”[2]，树立起捍卫祖国独立与民族尊严的坚定意志，树立起以实际行动改变祖国面貌的决心，成为社会主义建设事业各条战线上的排头兵、生力军。这一时期国情教育的效果表明，只有帮助大学生对国家的基本概况进行系统的了解，才谈得上对国家建设的策略、步骤和目标的正确认识和把握，才能在此基础上清醒认识国际国内形势的发展变化，才能坚定必胜的信念和信心，以坚韧不拔的意志战胜前进路上的一切艰难险阻，成为

[1] 青年团西北工委宣传部：《爱国主义学习资料（修订本）》，西安：西北青年出版社1952年版，第8页。

[2] 青年团西北工委宣传部：《爱国主义学习资料（修订本）》，西安：西北青年出版社1952年版，第33页。

党和国家事业最可靠的接班人。由此，在改革开放的新的伟大革命中，党和国家组织对“形势与政策”、各省省情等课程进行多次改革和调整，引导青年大学生在对自己的国家“求得一个比较完整的了解”后，及时关注世界格局变化、时代变迁和国家发展变化，了解党和国家制定的重大路线、方针、政策的内容及其深层原因，通过历史与现实的纵向对比和国际国内的横向对比，帮助大学生正确认识到国家发展所处的历史方位和面临的现实境遇，唤起了大学生勇担时代重任、助力国家崛起的豪情壮志。

（四）坚持以社会实践教育引导大学生的爱国行为

大学生爱国主义教育不仅要求教育者进行爱国认知的灌输，更要激发大学生内心的情感和意志，并且表现为最终行为的外化。中华人民共和国70多年的大学生爱国主义教育坚持以深入的实践教育和自我教育引导大学生践行报国之行，使大学生的爱国思想最终落实在行动上。

一方面，爱国主义鲜明的实践性集中体现在爱国主义并不是一种固定抽象的理论体系，而是建立在中华民族的长期的生产生活的实践中，升华于重大的历史关头和现实考验中，使中华民族焕发出巨大的生命力、创造力和凝聚力。正是因为爱国主义的实践性，也就决定了爱国主义教育必须是富于实践的。中华人民共和国70年大学生爱国主义教育的发展历程表明，实践教育是爱国主义教育在大学生中提高认识、唤起情感、形成共鸣、增强责任感的有效途径。通过在爱国主义教育过程中有计划、有目的地组织学生参与社会实践，能够让学生在社会参与中获得体验，深化爱国主义教育的理论认知和价值认同，引导他们在现实体验和现实比较中深切感受社会发展进步、明确个人发展目标、体悟社会主义制度的优越性。

另一方面，爱国主义的实践教育能够使大学生深刻认识到，真正的爱国，不仅表现为对祖国的深厚感情和矢志不渝的强国之志，更表现为脚踏实地的报国之行，它应当而且必须表现在为推动自己的祖国繁荣富强、文明进步而矢志奋斗、开拓进取的实际行动上。中华人民共和国成立之初，党把社会实践教育作为增强大学生与工农联系、增进大学生对国家认同的重要方式，组织青年大学生参加抗美援朝宣讲、“三反五反”等实践活动。

彭真在向毛主席和党中央所做的关于抗美援朝工作的报告中还专门指出，"学生下厂、下乡宣传的结果，不仅对工人、农民进行了宣传，并且可以在宣传中提高或改造自身，很有助于学生与工农的结合"[1]。改革开放以来，随着社会主义现代化建设的不断推进，大学生社会实践活动的内容和形式更加丰富。从1984年中共中央宣传部、教育部《关于高等学校参加生产劳动的若干规定》，一直到今天的大学生暑期"三下乡""青年红色筑梦之旅"等主题社会实践，始终紧紧跟随中国特色社会主义建设实践进程，通过主题鲜明、形式多样的社会实践活动引导大学生提高爱国认知、锻炼成为有用人才。在培养学生的劳动能力、实践能力的过程中，培养学生正确的价值观，增强历史使命感和社会责任感，成为当代大学生了解党情、国情和民情，关注祖国发展、践行报国之行的根本途径。

总之，在构成爱国主义情怀的知、情、意、行四要素中，爱国认知是基础，爱国行为是关键，爱国情感和爱国意志在由知到行的转化中起着动力调节作用。但是我们不能简单地说，这四个要素之间的转化是按照某种特定的顺序进行的，大学生爱国主义教育要着眼全面，促进大学生爱国知、情、意、行协同发展。此外，大学生爱国主义知、情、意、行的不断提高和转化，是一种内在的观念形态的塑造活动，并非一朝一夕就能实现，更离不开教育者长期、耐心的教育。因此在教育的过程中一方面要充分发挥大学生的主观能动性、调动起他们的内在需求，另一方面要避免自发性和盲目性，需要教育者适时地予以协调和指导，培养和提高大学生自我教育的能力，充分发挥学校教育的延迟价值，促进大学生把爱国主义的知识体系、价值体系内化于心、外化于行。

[1] 中央档案馆，中共中央文献研究室编：《中共中央文件选集（1949年10月—1966年5月）》（第4册），北京：人民出版社2013年版，第363页。

第五章　新时代大学生爱国主义教育的发展展望

中华人民共和国成立70多年来，党和国家根据不同发展阶段的历史条件，围绕爱国主义在不同时期的具体内涵和要求，不断提升对大学生爱国主义教育的科学认知，引领大学生爱国主义教育在继承中发展，取得了巨大的成就。立足新的发展阶段，要以历史经验为借鉴，推动大学生爱国主义教育深化发展，培养大批堪当中华民族伟大复兴大任的时代新人。

一、以习近平新时代中国特色社会主义思想为行动指南

习近平新时代中国特色社会主义思想是马克思主义中国化、时代化的最新成果，是开创新时代、引领新时代的精神旗帜，是实现国家富强、民族复兴、人民幸福的重要纲领，也是指导新时代大学生爱国主义教育深化发展的行动指南。

（一）指导大学生爱国主义教育的实践发展

习近平新时代中国特色社会主义思想立足于为人民谋幸福、为民族谋复兴、为世界谋大同，擘画了实现中华民族伟大复兴的宏伟蓝图，传承和弘扬了以爱国主义为核心的中华民族精神和优秀传统文化，为中国人民的爱国实践提供了强大精神力量和思想指引。今天，要推动大学生爱国主义教育继续创新发展、深化发展，发挥大学生爱国主义教育固本培元的重要

作用，完成培养时代新人的重要使命，把爱党爱国爱社会主义三位一体永远地坚持下去，必须坚持习近平新时代中国特色社会主义思想为行动指南。一方面，习近平总书记关于大学生爱国主义教育的一系列重要论述，丰富和发展了中国共产党关于爱国主义教育的思想宝库，明确了新时代大学生爱国主义教育的战略意义，为深化新时代大学生爱国主义教育指明了方向。党的十八大以来，习近平总书记提出了实现中国梦重要战略思想，论述了开展好大学生爱国主义教育对于弘扬新时代爱国主义精神、对于引领大学生成长成才、对于实现中华民族伟大复兴的重大意义。在全国高校思想政治工作会议、全国教育大会等重大会议上，在与各个高校师生多次深入交流的座谈会上，习近平总书记反复强调学校是立德树人的地方，育人的根本在于立德，立德的根本在于爱国，必须把大学生爱国主义教育作为永不放松的铸魂工程。以习近平新时代中国特色社会主义思想为指导，引领新时代大学生爱国主义教育持续深化发展，必须深刻理解和贯彻落实习近平总书记关于大学生爱国主义教育的新部署、新论断、新要求，正确认识大学生爱国主义教育的时代价值，正确理解和把握国家所处的历史方位、社会主要矛盾和国家发展的阶段性特征，提高大学生爱国主义教育的时代性和创造性，并将其作为最锐利的思想武器，深刻揭露和彻底批驳社会上的各种错误思潮，为大学生爱国主义教育顺利开展并发挥效用奠定良好的思想基础和理论武装。另一方面，要在实践中落实习近平新时代中国特色社会主义思想中蕴含的科学思想方法和工作方法，为大学生爱国主义教育提供重要的方法论指导。党的十八大以来，习近平总书记提出并多次论述的“战略思维能力”“历史思维能力”“辩证思维能力”“系统思维能力”等哲学方法论，对于新时代大学生爱国主义教育有着重要的方法论意义。要使大学生爱国主义教育不断在继承中创新，在创新中深化，不断实现新的发展取得新的成绩，必须深入学习领会习近平总书记提出的科学思想方法和工作方法，要将其充分指导和运用到新时代大学生爱国主义教育的全过程，使大学生爱国主义教育在深化发展中呈现新风貌、形成新高潮、取得新成就。

（二）指导大学生爱国主义教育的理论研究

大学生爱国主义教育的理论能否满足实践发展的需要，最为主要的是其能否彰显本质规律，能否适应变化发展的客观条件，始终推动大学生爱国主义教育向前发展。随着党和国家对大学生爱国主义教育重视程度的不断提高和党中央《习近平新时代中国特色社会主义思想学习纲要》（以下简称《新时代纲要》）的出台，有力地促进了新时代大学生爱国主义教育的实践发展，同时也要求教育者和研究者们要继续以习近平新时代中国特色社会主义思想为理论指导，全面加强对新时代爱国主义精神和新时代大学生爱国主义教育的理论诠释。概括来说，一是要对《新时代纲要》精神进行全方位、深层次、多角度的研究阐释，深化对大学生爱国主义教育的地位、作用、价值、途径、方法等基础理论的研究，阐明大学生爱国主义教育"聚民心、育新人"的重要育人功能和具体实施路径，引导大学生爱国主义教育持续改进和深化发展。二是要继续加强大学生爱国主义教育的基本理论研究。大学生爱国主义教育的基本理论包括其自身特有的一系列基本概念、主要范畴和基本原理。当前学术界对爱国主义问题和大学生爱国主义教育的研究成果丰硕，且日益深化，但距离形成一个系统的、严密的理论体系仍然还存在一定差距，与爱国主义思想本身的重要性和深刻性相比还有一定距离。因此必须要根据新的时代要求，"深化爱国主义教育研究和爱国主义精神阐释"[1]，始终坚持问题导向和创新意识，不断提高大学生爱国主义教育研究的学理性和前瞻性，更好地服务于时代发展和学生成长。三是加强对大学生爱国主义教育的比较研究。比较研究包括纵向和横向比较两个维度，纵向的比较要着眼考察梳理历史遗产，要重点研究中华民族的爱国主义发展史和爱国主义教育发展史，尤其是中国共产党的爱国主义教育史，对历史上的爱国主义教育经验和成果，合理地加以继承和发扬。横向比较要树立宏观系统的视野，充分借鉴他人先进经验，注重在显隐结合中提升育人效果。四是要正确把握新时代的时代背景和时代特

---

[1]《习近平在中共中央政治局第二十九次集体学习时强调：大力弘扬伟大爱国主义精神 为实现中国梦提供精神支柱》，《人民日报》2015 年 12 月 31 日。

征，把握大学生的思维特征和精神需要，推进重大现实问题、重大理论问题、重大实践经验总结的课题研究，推动新时代大学生爱国主义教育目标体系、方法体系、内容体系、制度体系的更新和完善。总之，要以习近平新时代中国特色社会主义思想为指导，以更高的责任感和使命感加强大学生爱国主义教育理论的创新，更加系统地进行大学生爱国主义教育理论研究，使大学生爱国主义教育能够在科学理论的指引下有的放矢地开展。

（三）推动习近平新时代中国特色社会主义思想入脑入心

习近平新时代中国特色社会主义思想不仅是新时代大学生爱国主义教育的指导思想，同时也是其重要内容。开展大学生爱国主义教育，必须要做好习近平新时代中国特色社会主义思想的“三进”工作，特别是要引导师生认真学习领会和贯彻落实其中关于弘扬新时代爱国主义精神的重要论述，推动习近平新时代中国特色社会主义思想入脑入心，夯实大学生爱国主义教育的理论之基和精神之魂。一方面，大学生爱国主义教育的组织者和教育者要深入学习习近平新时代中国特色社会主义思想，这既是教育者应有的理论自觉，也是不断更新和深化大学生爱国主义教育的必然要求。要深刻全面理解这一思想的核心要义、精神实质、丰富内涵和实践要求，深刻把握其中的马克思主义立场观点方法，科学把握中华民族爱国主义的起源、历程和发展趋向，做既有深厚爱国情怀，又有深厚理论素养的忠诚爱国者和马克思主义者，担当胜任完成培养时代新人的任务使命，把学习成果体现在落实立德树人根本任务的生动实践上。另一方面，要坚持不懈地用习近平新时代中国特色社会主义思想武装大学生的头脑。新时代的大学生是中国式现代化的建设者和实现民族复兴伟业的圆梦人，必须引导他们在科学理论的指引下树立起强国之志，坚定必胜信心，才能不负时代不负人民，用奋斗续写新的胜利和光荣。因此广大教育者要自觉肩负使命，既要带着信念也要饱含深情，用富于时代气息和生活气息的形式进行生动阐释，推动新思想更好地在大学生内心深处内化为对党和国家、对中国特色社会主义的情感、认同和力量，引导新时代的大学生坚定信仰并以行动践行新思想。

二、以加强党的全面领导引领大学生爱国主义教育深化发展

中华人民共和国大学生爱国主义教育的历史经验表明，只有始终坚持党的领导，大学生爱国主义教育才能获得发展，而一旦偏离了党的领导，大学生爱国主义教育就会遭受挫折。因此，必须始终坚持党对新时代大学生爱国主义教育的全面领导，不断夯实大学生爱国主义教育的认同基础，完善工作机制，坚持在全社会弘扬爱国主义的主旋律，引领大学生爱国主义教育深化发展。

（一）加强党的领导，为大学生爱国主义教育夯实认同基础

新征程上，大学生爱国主义教育要继续深化发展，讲清当代中国爱国主义热爱国家与热爱中国共产党、热爱社会主义三位一体的本质要求和内在逻辑，必然要以切实提高人民福祉为目标指向和行动准则，让大学生切实体会党的领导和社会主义制度的优越性，为大学生爱国主义教育夯实认同基础，为厚植大学生爱国情怀永续源头活水。中华人民共和国成立以来，以毛泽东同志一直到习近平同志为主要代表的中国共产党人，奋力探索和坚定践行中国特色社会主义的爱国实践，使中华民族伟大复兴呈现出前所未有的光明前景，充分证明了中国特色社会主义道路，是一条适合中国国情、激发中国精神、凝聚中国力量、能够引导中华民族走向伟大复兴的必由之路、光明之路，充分证明了中国共产党是伟大光荣正确的党，是中华民族和中国人民的领路人和定盘星。党的十八大以后，中国共产党对自身建设、治国理政、反腐败斗争、全面深化改革等一系列重大问题进行了新的部署和新的实践，彰显了中国共产党人咬定青山不放松、一代接着一代干的坚韧和执着，顺应了全党全国人民对党的信任和期待，坚定了包括大学生在内的全体中国人民永远跟党走的信心和意志，更为大学生爱国主义教育始终坚持爱国与爱党相统一提供了认同基础和坚强支撑。但要更

好地满足青年大学生对美好生活的向往和促进全体人民共同富裕，还要在全面建成小康社会的基础上进一步解放和发展社会生产力，尤其是面对社会阶层分化加剧、收入差距拉大等问题引起的心理失衡，归根结底要从利益上解决问题，要不断破解和消除社会上的各种不公平现象，把实现共同富裕的社会主义的本质要求落在实处，为新时代大学生爱国主义教育提供硬核元素，激发大学生对中国共产党领导的社会主义祖国的由衷认同和倾心热爱。

（二）加强党的领导，完善大学生爱国主义教育的工作机制

根据《新时代纲要》的核心精神和实践要求，大学生爱国主义教育的组织者和教育者要准确把握新的发展趋向，抓重点，重实效，着力健全和完善党委统一领导、党政齐抓共管、学校各个部门各司其职、各负其责的工作格局，形成一整套统筹协调、分工明确的工作机制，把新时代大学生爱国主义教育的各项工作任务落细落小落实。

第一，坚持目标导向，科学制定新时代大学生爱国主义教育的主要目标。教育目标是开展教育活动的根本依据，只有在深入理解《新时代纲要》的精神内涵，做到及时准确把握各项目标要求之后，才能为新时代大学生爱国主义教育制定科学的教育目标，做到有的放矢地加强新时代大学生爱国主义教育。《新时代纲要》明确提出，新时代爱国主义教育要以“聚民心育新人”为根本目的，为实现中华民族伟大复兴汇聚磅礴力量。[1] 具体到大学生爱国主义教育来说，就是要坚持紧紧围绕实现中华民族伟大复兴中国梦的时代主题，把培养具有深厚爱国情怀、堪当民族复兴大任的时代新人作为根本目标，要始终坚持大学生爱国主义教育的核心地位，根据时代要求制定好大学生爱国主义教育的阶段性目标和各门课程、各项活动的具体目标，遵循教育规律，充实教育内容，完善分类指导，使新时代大学生爱国主义教育焕发新的活力。

第二，坚持问题导向，关注和解决影响大学生爱国主义教育取得良好

---

[1] 参见本书编写组：《〈新时代爱国主义教育实施纲要〉学习读本》，北京：人民出版社2020年版，第1–2页。

效果的挑战和问题。新时代在带来崭新气象的同时，也带来一些新的问题；大学生爱国主义教育的长期实践中取得巨大成绩的同时，也存在着一些短板和不足，迫切要求各级党委行政坚持立破并举，认准主要矛盾，突出重点难点，为新时代大学生爱国主义教育激发新作为，开创新局面。一是要科学提炼、继承发扬中华人民共和国大学生爱国主义教育的优良传统和宝贵经验，又与时俱进地创新方式手段，丰富实践载体和途径，让爱国主义教育的内容和形式更好地体现时代性、规律性和创造性，使新时代大学生爱国主义教育的感染力、影响力和号召力不断提升。二是要强化主体责任，坚持把大学生爱国主义教育作为意识形态工作的重要组成部分，压紧压实意识形态工作责任制。一方面要加强宏观规划、统筹协调、督促落实和评价激励，剔除影响和制约大学生爱国主义教育深化发展的问题和因素。另一方面要牢牢占领学校教育的主阵地，建设一支拥有深厚爱国情怀的教师队伍，把爱国主义教育与落实立德树人根本任务、课程思政建设、大中小学爱国主义教育一体化建设等制度联系起来。三是要为新时代大学生爱国主义教育破机制弊端、破错误言行、破社会乱象，这既有赖于党和政府要不断优化爱国主义教育的社会环境，加强对道德领域热点问题和爱国舆论的引导，着力增强大学生的法治意识和媒介素养，引导大学生树立科学的历史观、民族观、文化观、安全观、发展观，为大学生立理想信念、增强“四个意识”、坚定“四个自信”。同时，高校也要发挥在社会上的理论引领、思想引领和文化辐射的重要作用，广泛宣传推广学校开展爱国主义教育的好经验和好做法，以高校浓厚的爱国氛围和大学生在青年群体中的先锋带头作用，推动社会整体爱国氛围的持续高涨。

第三，坚持效果导向，将新时代大学生爱国主义教育的实施情况纳入高校意识形态工作考核和学科考核。要制定科学合理的考核办法，在坚持“立破并举”、稳步推进大学生爱国主义教育的一系列方针措施的过程中，适时审视爱国主义教育的实际效果，检验理论是否能够密切联系实际，教学质量和教育效果能否达到目标要求，大学生的爱国思想观念和爱国行为能否展现新的风貌。在全媒体时代，借助大数据挖掘、人工智能等技术加持，实现对大学生爱国主义教育实施过程和大学生爱国思想观念变化的及时了解，推动评价方式由静态向动态转变，从而实现精准评价；并有针对性地对课程标准、课程目标、活动方案等进行合理调整；从而把握爱国主义教育的有利契机，让一切有利于爱国主义教育的资源活起来、平台动起来，形成新时代大学生爱国主义教育的新机制。

（三）加强党的领导，始终在全社会高扬爱国主义的主旋律

大学生爱国主义教育教育作为一项开放的社会系统工程，与周围环境即其他系统也是相互联系、相互作用的。中华人民共和国大学生爱国主义教育的经验也充分证明，在全社会营造浓厚的爱国氛围，能够极大地促进大学生爱国情感的生发，为大学生爱国主义教育的顺利实施提供重要保障。反之，则会消解和影响大学生爱国主义思想的形成。新时代加强大学生爱国主义教育，必须要不断优化社会整体环境，营造浓厚的爱国主义时代氛围。

1. 强化法治建设，为大学生爱国主义教育提高法治保障

法律是现代社会的主要治理方式，强化法治建设、优化法治氛围，是推进新时代大学生爱国主义教育的重要基础和坚强保障。一方面，要加强对作为国家根本性大法的宪法，以及爱国主义教育法、国家安全法、反恐怖主义法、国旗法、国歌法、英雄烈士保护法等具体层面的法律法规的普及教育。要把爱国主义精神进一步融入相关法律法规和政策制度之中，体现在市民公约、村规民约、学生守则等的制定完善中，发挥政策法规对爱国主义教育的指引、约束和规范作用。[1] 要通过法律法规的方式，明确什么样的爱国言行是理性的、什么样的爱国言行是不理性的，对爱国的责任义务和行为规范作出更确切的规定，对打着“爱国”旗号的偏激行为，甚至是出卖国家和民族的犯罪行为，要依法严厉打击和惩处，通过法治的形式廓清认知、弘扬正气，发挥好道德内化与制度外化的教育合力。随着《中华人民共和国爱国主义教育法》的颁布实施，对于以法治方式推动和保障新时代大学生爱国主义教育，对于推进培养具有深厚爱国主义情怀的

[1] 参见本书编写组：《〈新时代爱国主义教育实施纲要〉学习读本》，北京：人民出版社 2020 年版，第 14 页。

时代新人具有重大意义，为大学生爱国主义教育的深入持久有效开展提供了最根本的法理依据和实践遵循。另一方面，要加强网络法治建设，营造风清气正的网络爱国空间。网络信息空间中百舸争流，国际碰撞和竞争愈发激烈。在网络舆论场中既有正能量、主旋律、理性爱国的言行，同样也存在着虚无历史、抹黑英雄等负能量事件，特别是一些别有用心的带节奏，甚至违法的言行亟须运用法治方式治理。党的十八大以来，为了保护我国网络生态环境，守护人民群众共同的精神家园，党和国家以主题行动的方式，严厉打击和处理网络违规违法行为。一系列“护网行动”“网络空间清朗行动”“净网”行动等，使网络空间得以进一步净化。但是，要营造风清气正的网络空间，还要持续加强对于网络空间管理的制度性保障，发挥法治的规范约束作用，依法依规对违法行为予以坚决惩治，使公众真正形成爱国主义的行为自律。

2. 强化文化滋养，为大学生爱国主义教育提供源头活水

第一，要以优秀传统文化为精神滋养，加强国家文化软实力建设，打牢大学生爱国主义教育的文化根基。无论是从国际经验来看，还是从自身发展历程来看，国家和社会的安全有序、和谐稳定，各族人民的团结一致、踔厉有为，既取决于国家的硬实力，也在很大程度上取决于国家的文化软实力。中华文明在千年传承中展现了无可比拟的吸引力、包容力和生命力，是在新征程上凝聚新共识、激发新动力，建设各民族共有精神家园的不竭源泉。在信息网络化的时代背景下，国际合作和交流日趋频繁，文化霸权和意识形态渗透也更加广泛而隐蔽，必须把社会主义精神文明建设、社会主义核心价值观培育等文化建设作为头等大事，调动各方面积极因素，合理配置充足资源，着力凸显爱国主义的主流思潮地位，阐释当代中国爱国主义源自于独特的文化传统、历史命运和自身国情，坚持爱国与增强世界眼光的统一，大力培养推动中华优秀传统文化创新发展的意识，提高全体中华民族的文化认同和文化自信，这是国家和民族传承、发展、兴盛的必然要求。

第二，在加强文化软实力建设的过程中，要正确处理优秀传统文化继承和创新的关系。要在当前凝心聚力实现民族复兴的时代格局中真正发挥

文化作用和价值功效，不断增强民族文化的自觉、自立、自信和自强意识。既要深入挖掘和保护中华优秀传统文化的思想精髓和精神遗产，以传统文化的创造性转化和创新性发展的视角，通过学校教育、文艺作品、文化产品、理论研究、舆论引导等方式广泛深入地开展文化宣传教育，在运用优秀文化资源进行爱国主义教育的过程中实现“四个讲清楚”，坚定民众的文化自信和爱国信仰。也要立足中国特色社会主义的伟大事业，以实现中华民族伟大复兴为目标，从改革开放和社会主义现代化建设实践中汲取新鲜养分，为中华优秀传统文化注入新的时代元素和时代价值，打造“融通中外的新概念新范畴新表述”，将中华优秀文化和社会主义先进文化转化为具有世界语言的文化、文艺作品等，以多彩的表现形式对外展示当代中国的发展成就、人类情怀、独特魅力，春风化雨地推动国家间的了解和合作，增进与世界人民的沟通和交流。

第三，要继承和发扬中国共产党的革命文化，把党史、中华人民共和国史、改革开放史、社会主义发展史和中华民族发展史作为大学生爱国主义教育的必修课，引导青年大学生永远保持对革命理想的忠诚信仰和执着追求，奋力走好新时代的长征路，使中国特色社会主义事业薪火相传、血脉永续。习近平总书记指出：“共和国是红色的，不能淡化这个颜色。”[1] 20世纪以来中华民族伟大复兴的血与火的斗争中，先辈们的革命精神铸就了共和国压不弯的脊梁和为国牺牲奋斗的国魂，成为共和国血脉里永远流淌的红色基因。在新时代，强化爱国主义的历史文化滋养，就要坚决破除历史虚无主义、民族虚无主义的错误言论和消极影响，厚植包括大学生在内的全体中国人民对中国共产党、对社会主义中国的真挚情感，在全社会弘扬革命文化和革命精神，传承红色基因，激励新时代青年把无数先烈用生命和鲜血铸就的共和国建设得更加美丽富饶。

3. 强化舆论引导，为大学生爱国主义教育营造良好氛围

一方面，加强舆论引导，营造良好的舆论环境，关键是要把握和处理好坚持大众传媒的党性和人民性的关系。要始终坚持体现大众传媒的鲜明的党性，坚定地与党中央保持政治上的高度一致，积极宣传党的路线、方

---

[1] 《共和国是红色的（两会现场观察）》，《人民日报》2019年3月5日。

针、政策，动员全党全国人民为实现党的中心任务和发展战略而奋斗，充分运用思想舆论促进实现民族复兴精神动力的形成和发展。同时，必须坚持大众传媒的人民性，主动倾听和充分反映人民呼声，正确处理引导社会舆论与反映社会舆论之间的关系。在社会转型期间和自媒体时代，民众表达诉求的愿望日益高涨、手段日益便捷多样的情势下，关键是要积极、主动、及时地对待民意表达，耐心倾听和合理满足社会多元群体利益诉求表达，在这个过程中正确把握舆论动向、思想动态和社会形势，明确舆论引导的方向、目标和任务，做到有的放矢，为涵育理性平和、自尊自信、自强奋进的国民心态营造良好的舆论空间。

另一方面，推进媒体融合发展战略，使主流媒体牢牢掌握全媒体环境下的传播主导权。当前，中国正处于外部崛起和内部转型的双重轨道之中，国民心态的主流是昂扬向上、充满希望、良性健康的，广大人民群众对于中华人民共和国 70 多年所取得的巨大发展成就充分认可并引以为傲，爱国热情高涨，“四个意识”“四个自信”和“五个认同”不断提高加强。但社会急剧转型过程中的社会心态也掺杂着不少非理性的因素，所激发的不良情绪和消极舆论虽然不是社会思潮的主流，但也对涵养理性平和的爱国心态产生了不可忽视的消解作用。因此，主流媒体要尊重舆论传播规律，以平等的姿态、对等的方式进行传播与交流，大力营造和传播有利于促进国家富强统一、社会和谐稳定、人民心情舒畅的舆论。在此基础上，还要提高舆情监测尤其是舆情处置的本领和能力，有效疏导和控制负面舆情，批驳各种错误思潮及混淆视听的言论，发挥主流意识形态和价值观念的引领作用，营造爱国向上的良好舆论环境。同时，面对国际局势的急剧变化和国际舆论场的激烈斗争，必须大力推动国际传播能力建设，为国家发展和对外合作营造良好的国际舆论空间，进一步提高中国的国际话语权与国际影响力。通过有效开展国际舆论引导和舆论斗争，坚定维护国家尊严、国家安全和国家利益，积极带动国际舆论场共同发出正义之声，决不让霸权主义、种族歧视、意识形态偏见误导全球民众，误导新时代的大学生。

三、以培养担当民族复兴大任的时代新人为根本任务

今天，中国梦的实现就好比“已经看得见桅杆尖头”的航船，但是越是接近目标，越是“川急浪更大”，必须紧紧依靠包括广大青年大学生在内的全体人民苦干实才能实现。由此，新时代大学生爱国主义教育必须坚持把培养担当民族复兴大任的时代新人作为根本任务，教育引导大学生在爱国主义指引下奋力追逐中国梦，实现中国梦。

（一）新时代是离中华民族伟大复兴最近的时代

2022 年 10 月 16 日，习近平总书记在党的二十大报告中提出：“从现在起，中国共产党的中心任务就是团结带领全国各族人民全面建成社会主义现代化强国、实现第二个百年奋斗目标，以中国式现代化全面推进中华民族伟大复兴。”[1] 实现中华民族伟大复兴，是近代以来中华各民族的共同梦想，是无数为了中华振兴而挥洒热血的仁人志士心中不灭的灯塔，更是新的历史征程上党带领全党全国人民坚持和发展中国特色社会主义的历史使命和根本任务。近代一百多年来中国人民寻梦、追梦、圆梦历经了上下求索、千辛万苦。一代代中华儿女团结在爱国的旗帜下，为了民族独立、国家富强奋起抗争，不畏艰难、不怕牺牲，才有了今天中国梦的光明前景，才有了比任何时候都更有信心、有能力实现这个目标的境界。尽管如此，中国梦的实现也仍将面临这样或那样的困难和挑战，甚至严峻的风险和考验，在这种艰苦复杂的发展环境中显然不能缺少坚定的意志。宋代哲学家张载说过：“志大则才大，事业大；志久则气久，德性久。”有了坚强的意志和远大的志向，才能始终坚守爱国底线，发扬爱国主义蕴含的百折不挠、矢志不渝、无私奉献的精神，才能战胜前进道路上重重困难。新时代大学生爱国主义教育要实现培养担当民族复兴大任的时代新人的根本

[1] 习近平：《高举中国特色社会主义伟大旗帜 为全面建设社会主义现代化国家而团结奋斗——在中国共产党第二十次全国代表大会上的报告》，北京：人民出版社 2022 年版，第 21 页。

目标，必须教育引导大学生正确认识当前国家发展所处阶段，正确认识国际形势和基本国情的新变化，使大学生深刻认识新时代是实现中国梦的关键时期，中国式现代化是实现中国梦的必由之路。既要引导大学生把握关键时期，坚定理想信念，坚信民族复兴必然实现；又要砥砺强国意志，清醒认识这一过程的艰巨性和复杂性，在伟大斗争中弘扬爱国主义精神，用不懈奋斗把民族复兴的光明前景变成美好现实。

（二）新时代的大学生肩负实现中华民族伟大复兴中国梦的时代重任

现在，我们国家已经实现了在建党一百年时全面建成小康社会的宏伟目标，进入了新的发展阶段。新发展阶段是实现第二个百年奋斗目标、把民族复兴伟业推向新境界的阶段。新时代的大学生将全过程参与实现第二个百年奋斗目标的历史征程，他们不仅是新时代国家各项事业发展的新鲜血液，还将成长为推动中国式现代化如期实现的中坚力量。2022 年 4 月 21 日，国务院新闻办公室发布的《新时代的中国青年》白皮书中提出："新时代中国青年迎来了实现抱负、施展才华的难得机遇，更肩负着建设社会主义现代化强国、实现中华民族伟大复兴中国梦的时代重任。"[1] 在中华民族伟大复兴这场接力跑中，一代人应有一代人的担当，一代人也应有一代人的作为。新时代大学生爱国主义教育的核心任务，就是要把新时代大学生培养成驱动中华民族伟大复兴加速迈进、早日实现的时代新人和蓬勃力量。要教育引导大学生正确认识中华民族伟大复兴中国梦的内在意蕴和实现之道，激发大学生将个人奋斗融入国家发展的担当精神和内在动力，引领他们锤炼本领、磨砺品格、全面发展，在奋力追逐和实现中国梦的新征程中创造出令世界为之惊叹的新的伟大奇迹。

（三）深刻理解培养担当民族复兴大任时代新人的内在意蕴

深刻理解培养担当民族复兴大任时代新人的内在意蕴，就是深刻把握

[1] 中华人民共和国国务院新闻办公室：《新时代的中国青年》，《人民日报》2022 年 4 月 22 日。

担当民族复兴大任的时代新人应该具备的意志品质和本领能力，为新时代大学生爱国主义教育明确具体任务。

1. 努力成长成才，求立身之根本而善于担当

从个人成长的角度来说，作为新时代的大学生，必须具备过硬的专业本领、综合素质和担当精神，不断厚植家国情怀和拓宽国际视野，扎牢个人安身立命的根基，从而在理想与现实、思想与行为的辩证统一中成长为符合时代要求的一代新人，为今后追求更有高度、更有价值、更有境界的人生奠定坚硬实力和从容底气。从社会发展的角度来看，现在各个国家综合国力的竞争其实质是人才的竞争，如果没有一支拥有爱国心强国志的高素质创新型人才队伍，实现民族复兴就会变成一句空谈。面对以人工智能为代表的新一轮科技变革，各种新业态新模式大量涌现，创新创造已经成为推动国家竞争力不断提升的核心要素和重要动力，提升大学生个人能力素质必须以服务国家经济社会发展的需要为目标导向，将培养大学生的担当精神和创新精神与大学生的专业学习、思想教育、社会实践、创新创业等人才培养的各个环节相结合，尤其是注重教育引导大学生在参与专业实践和服务社会的过程中提高能力，磨砺本领，从而充分把握更多人生出彩机会，在新时代的广阔天地中建功立业。

2. 坚定理想信念，为人民谋幸福而敢于担当

中国共产党成立一百多年来，带领全党全国人民在社会主义革命、建设和改革时期勠力同心、不懈奋斗，开辟了实现中华民族伟大复兴的正确道路，使中国人民和中华民族意气风发走进了中国特色社会主义新时代。在这一百多年的光辉历程中，国家的经济实力、综合国力和人民的生活水平不断迈上新的台阶，充分证明了中国特色社会主义的制度优势，集中体现了中国共产党无比高超的治国理政能力和始终不渝的人民情怀，还为推进人类社会整体发展做出了卓越贡献，使社会主义中国以更加雄伟的身姿屹立于世界东方。但面临着百年未有的大变局，以美国为首的西方国家不甘心看到中国的崛起，不仅频频在科技、贸易、经济等领域对中国发起挑战，在意识形态领域加紧渗透和颠覆中国，还在国际舆论场上肆意抹黑中国、压制中国声音，妄图通过形成打压、围堵、遏制中国的“包围圈”，

从而动摇中国人民尤其是中国青年跟着中国共产党走中国道路的信念、信仰和信心。因此，要培育新时代的大学生成为担当民族复兴大任的时代新人，必须引导大学生以为中国人民谋幸福为最高使命，树立“强国有我”的担当和决心，勇做中国梦的圆梦者。

3. 心怀“国之大者”，为民族谋复兴而勇于担当

新时代大学生爱国主义教育深入开展中国梦教育，要把中国梦的光明前景讲清楚，把伟大梦想的实现路径讲清楚，把大学生肩负的时代责任讲清楚，把大学生爱国主义的情感、意志和行动都凝聚到实现中国梦上来。过改革开放40多年的发展，我国社会生产力水平显著提高，工业体系和基础设施建设遥遥领先，经济社会发展出现了根本性的变化，但是我国仍处于并将长期处于社会主义初级阶段的基本国情没有变。这就要求引导大学生正确看待“变”与“不变”之间的辩证关系，尤其是面对着百年未有的大变局，必须引导大学生心怀“国之大者”，为民族谋复兴而勇于担当，坚决战胜一切在社会领域和自然领域出现的困难和挑战，坚决夺取实现中华民族伟大复兴的最终胜利。要让大学生深刻明白，只有实现祖国完全统一，中华民族才能彻底洗刷100多年来的历史耻辱，才能真正实现中华民族伟大复兴。要在爱国主义精神鼓舞下，激发各民族大学生为推进祖国和平统一而共同奋斗。在涉及国家主权和领土完整、涉及中华民族根本利益的原则问题上，要顺应历史大势，把握正确方向，把伟大祖国作为所有爱国统一力量的坚强后盾。要创造一切条件增进两岸青年学生间的情感交流，将心比心，以心换心，激发血浓于水、守望相助的天然情感和民族认同。引导大学生坚持底线思维，增强忧患意识，保持高度警觉，把对祖国和人民的热爱转化为坚决维护国家安全和发展成果的实际行动，坚决同一切分裂势力做斗争，自觉做维护祖国统一和民族团结的忠诚卫士。

4. 拓展国际视野，为世界谋大同而乐于担当

当今世界是一个飞速发展变革的世界，也是一个充满未知和挑战的世界，只有每个国家、每个民族携起手来，守望相助，才能共同走向光辉灿烂的未来，这就内在要求我们要引导新时代的大学生以更加昂扬自信的姿态融入世界，为构建人类命运共同体而乐于担当。一方面，要教育引导大

学生更加开放自信地融入世界。在新时代中国继续扩大对外开放、形成全面开放新格局的过程中，必须教育引导大学生尊重各个国家的历史特点和文化传统，尊重各个国家的社会制度，善于学习借鉴，向世界上其他一切文明成果进行学习，不断提升自身实力。要教育引导大学生正确认识中国特色和国际比较，从现实比较中充分认识社会主义制度的优越性，涵养大学生自尊自信、理性平和、积极向上的健康心态，向世界展现中国青年大学生美美与共的人类情怀和崇德向善的价值追求。另一方面，教育引导大学生勇担构建人类命运共同体的青春担当。今天的中国在日益走向世界舞台中央，为世界发展做出更大贡献的过程中，一些国家仍然对中国的发展充满疑虑和阻挠。要使构建人类命运共同体的理念和实践、中国方案和中国主张在世界范围内得到更多认同和响应，中国不仅迫切需要提升国际话语权，提高我国参与全球治理、承担国际责任的能力；更要对外讲好中国故事、展现中国自信和中国气派。这些都迫切需要培养新时代大学生成为既具有爱国情怀，熟悉党和国家方针政策，了解党情国情民情，又具有国际视野、具备国际交往能力的专业人才，充实国家的全球治理人才队伍，为世界发展贡献中国大学生的青春力量。

四、正确认识大学生爱国主义教育的全新境遇

中华人民共和国大学生爱国主义教育之所以能够发挥固本培元、凝心聚魂的育人功能，激发一代代青年学生爱国奋进的精神动力，助推党和国家事业发展。其中一个重要经验，就是在于大学生爱国主义教育作为一种意识形态教育，必须立足于党和国家不同发展阶段的时代背景和社会发展需要，正确认识和把握作为教育对象的大学生的代际特征，有的放矢地开展教育活动，才能使大学生爱国主义教育切实完成为党育人、为国育才的重要使命。

（一）大学生爱国主义教育面临极为有利的形势

新时代既是为民族复兴事业奋力拼搏的时代，也是全国各族人民爱国

热情澎湃高涨的时代。中华人民共和国70多年的辉煌成就和十八大以来的一波波爱国热潮在全社会营造了浓厚的爱国氛围，扩大了新时代爱国主义的民意基础，为新时代大学生爱国主义教育创造了极为有利的形势。

1. 中华人民共和国70多年的辉煌成就增强了中国人的骨气底气志气

中国共产党作为无产阶级政党，从成立伊始就以为民族谋解放、为中国人民谋幸福、为中华民族谋复兴为现实目标，在百年历史征程中领导中华民族重新焕发出了蓬勃生机，领导中国人民在建党一百年时取得了全面建成小康社会的历史性成就，实现了第一个百年奋斗目标，也实现了中华民族千百年来的夙愿，充分证明了中国特色社会主义的制度优势和党的领导优势，在实现中华民族伟大复兴道路上迈出了关键的一步。集中体现了中国共产党无比高超的治国理政能力和始终不渝的人民情怀，还为推进人类社会整体发展做出了卓越贡献，使社会主义中国以更加雄伟的身姿屹立于世界东方。短短70余年，党带领全国人民实现了全面小康，取得了科技、军事、工业、生态文明、基础设施、社会保障体系、文化软实力建设等全方位的发展成就。其中一些标志性成果、巨型工程和“大国重器”，给人们带来非常直观和极度震撼的感受。比如从中国首艘自主建造的国产航母“山东舰”到“福建舰”、气势恢宏的500米口径球面射电望远镜“中国天眼”（FAST）、有序推进中的“八纵八横”高铁网、全球最长跨海大桥“港珠澳大桥”、即将全面建成的“天宫空间站”等等，伴随着这一项项“当惊世界殊”的成就的取得，“中国速度”和“中国智慧”不断彰显，中国的国际话语权和国际影响力不断增强。中国也秉承着“各美其美、美美与共”的包容和学习心态，积极承担大国责任，主动参与和引领全球治理体系变革，在世界舞台展现负责任东方大国、社会主义大国的国家形象，赢得了世界人民的尊重与赞赏。这一切，怎么能不令近代以来曾饱经沧桑、备受屈辱的中国人感到扬眉吐气、激情昂扬？这种国家实力和国家地位提升带来的安全感和自豪感，党始终把人民群众利益放在第一位带来的信任感和认同感，物质和精神生活水平持续改善带来的幸福感和获得感，可以说是一种坚实的爱国心理基础，极大地增强了中国人的骨气底气志气，极大地增强了中国人民永远跟着中国共产党走社会主义道路的信念信心和信仰。

2. 伟大抗疫精神呈现了一堂生动的爱国主义公开课

2020年年初以来，肆虐的新冠疫情，给中国共产党和中国人民带来了巨大的挑战。疫情发生后，以习近平同志为核心的党中央纵览全局，系统协调各方，不惜一切代价，带领全党全国人民打响了一场气壮山河的疫情防控阻击战，赢得了抗击新冠疫情的重大战略胜利。在抗击疫情的过程中，党和国家以维护和保障人民生命安全和身体健康为第一要务；共产党员逆行而上、冲锋在前；人民军队闻令而动、敢打硬仗；医护人员舍生忘死、无私奉献；青年一代勇于担当、堪当重任；全体中国人民团结一致、风雨同舟，迸发出了无坚不摧的爱国主义的磅礴力量。这一场疫情防控的人民战争，铸就了抗疫精神这一伟大的爱国主义精神的新时代丰碑，呈现了一堂沉浸式的爱国主义教育的公开课。就连美国有线电视新闻网（CNN）也不禁赞叹："在遏制新冠病毒方面，似乎没有哪个国家愿意做得像中国那样极致。"这场公开课，集中展现了中国共产党和社会主义制度的政治优势和制度优势，集中展现了中国人民众志成城、万众一心的强大凝聚力和向心力，集中展现了中华优秀传统文化、革命文化和社会主义先进文化的价值优势，使人们永远热爱伟大的党、伟大的祖国和伟大的中国人民。

3. 爱国主义的"硬核力量"使全体中国人民的爱国情感空前高涨

习近平总书记曾在2020年的新年贺词中深情地说："我们为共和国70年的辉煌成就喝彩，被爱国主义的硬核力量震撼"[1]。党的十八大以来，以习近平同志为核心的党中央不断加强爱国主义教育的战略规划和全面指导，创新爱国主义教育的柔性表达和生动呈现，充分利用历史节点、重大事件的关键契机，把爱国主义的"硬核"内容和鲜活素材，通过打造爱国"仪式感"、组织纪念活动、建立国家功勋荣誉表彰制度、聚焦典型示范等能够高度激发情感共鸣的柔性方式表达出来，让爱国主义的常青树枝繁叶茂，让爱国主义的力量激荡人心。在庆祝改革开放40周年大会、国庆70周年重大庆典、建党100周年庆祝大会等重大纪念活动上，无论是阅兵仪

---

[1] 习近平：《二〇二〇年新年贺词》，《人民日报》2020年1月1日。

式致敬方阵里毛泽东、周恩来、邓小平等已故国家领导人、国家英雄和民族先锋的照片，党和国家领导人对百位改革先锋颁授奖章的动人场景，还是中国人民解放军豪气干云、铿锵有力的步伐，亦或是那句让人潸然泪下的“盛世中国，如您所愿”；无论是习近平总书记对中国共产党百年奋斗历程、辉煌发展成就的倾心讲述，还是朝气蓬勃的青春少年一声声催人奋进的“请党放心、强国有我”，全体中华儿女无不从中体会到了党百年奋斗征程的艰辛与执着，感受到了中华人民共和国70多年的蜕变与成就，也由衷地为改革开放40年的砥砺奋进吟唱永恒的赞歌。此外，纪念中国人民志愿军抗美援朝出国作战70周年大会、全国抗击新冠疫情表彰大会、全国脱贫攻坚表彰大会等国家功勋纪念活动和表彰活动的举行，充分彰显了党和国家铭记历史、崇敬英雄、敬仰先锋的国家立场，发挥了爱国奋进、无私奉献的精神引领和典型示范作用，在全社会营造了缅怀英雄、尊重英雄、学习英雄的时代风尚，更激发了每一名中华儿女告慰先烈、学习先进，矢志奋斗、报国强国的中国心与中国魂。

4. 全媒体时代为大学生爱国主义教育提供了发展新机遇

现在，伴随移动互联网的高速发展和各项媒体技术的快速更迭，人类社会已经进入了全媒体时代。5G、人工智能、大数据、区块链等新技术成为生产环境中必需的要素，人类对技术的使用和依赖改变了人的基本认知方式、生存方式及改造世界的基本思维方式，人机结合的协同工作模式也成为时代主流。在教育领域，全媒体环境和技术提供云、网、端一体的数字化基础设施，使学习空间、内容、方式都突破了传统边界，为师生提供多样化的教育服务供给。特别是2020年年初新冠疫情暴发以来，更催化了线上线下相结合的教育模式的快速发展，视频直播技术、远程录播技术、认知工具等从研发到投放市场的速度超乎想象。“腾讯课堂”“腾讯会议”“钉钉”等在线办公、在线教育教学App根据用户需求和反馈快速更新升级，各种慕课、网课、微课的受众几何式倍增，使在线教学迎来了别样的生机。在线教学由过去基于资源的非交互性的自主学习，迅速发展到基于网络在线的开放式直播教学，直观地呈现了全媒体时代教育领域的全新发展形态和发展前景。从教育的途径和方式来讲，集AI对话、虚拟和增强现实、沉浸模式、元认知评价算法等方法使教育教学形式变得多样化，且在线学习、移动学习等学习方式，使学生可以自主地开展学习，与教师的互动方式也更加多元化，学生彼此之间也可以在更大的平台上交流、分享经验和知识。总之，全媒体时代信息技术的迅速发展使个性化教育成为可能，带来了大学生爱国主义教育创新发展的新机。

（二）大学生爱国主义教育需要高度关注和应对的现实挑战

要高效开展新时代大学生爱国主义教育，还要高度关注其所面临的现实挑战，准确认识和把握经济社会发展中的新矛盾，把影响和制约大学生爱国情感培育的因素和需要释清的疑问标出来，正面回应和解决时代提出的新问题。

第一，经济社会发展中的新矛盾容易引起大学生的思想波动。现在，我国社会主要矛盾已经发生了变化，各种发展不平衡不充分的问题相互影响、相互掣肘，衍生了许多其他的社会矛盾和问题，从而为爱国主义教育带来风险，甚至对大学生的价值取向和理想信念造成负面影响。尽管党和国家采取多种措施缓解就业矛盾、缩小贫富差距、解决分配不公、降低教育焦虑、清朗网络空间，但是社会转型期和改革攻坚期的中国，社会活动类型的多样性与社会关系的复杂性，深化改革面临的阻碍和困难的复杂性等，使上述问题的解决并非一朝一夕可以达成，诸如此类的社会现象和社会舆论在一段时间内还不能完全避免，需要在大学生爱国主义教育的过程中予以高度关注。第二，意识形态领域中的负面舆论和价值渗透容易影响大学生的观念倾向。长期以来，以美国为首的西方国家固守冷战思维，大搞“和平演变”，运用其掌握的国际舆论霸权，将美国及其拥趸追求自身利益，维护其霸权统治的自私行为，包装成维护国际秩序、维护民主和人权的正义行为，迷惑了许多拥有朴素爱国情感的普通民众和青年学生。特别是随着全媒体时代的全面来临，他们借助自身网络发展和技术发展的优势和先机，以巨大的资本实力作为支撑，把互联网作为意识形态斗争的主战场，以更加隐蔽的技术手段向我国青少年进行思想文化、价值取向、意识形态和政治制度的输出。在国际传播平台上，西方国家不仅在政治和商业活动中广泛运用“计算式宣传”，同时也通过技术打造由虚假账户构成的“网军”，将其宣传的影响通过新闻媒体和社交媒体日益扩散到国际传播和公共外交等领域。制造和散播诸如“爱国主义狭隘论”“爱国主义过时论”“爱国情感民粹论”等异化、窄化、诋毁爱国主义的言论，以及一些所谓的网红文化、低俗文化，传递奢靡、浮躁、消费主义、泛娱乐化、纸醉金迷的畸形价值取向，对大学生的观念倾向造成不同程度的消极影响，为新时代大学生爱国主义教育带来严峻的现实挑战。第三，西方敌对势力对我国的发展遏制需要高度关注。面对中国的日益崛起，各种敌对势力遏制和分裂我国之心不死，尤其是美国对中国战略遏制的意图越来越公开、直接、无所不用其极，污蔑中国向他国“扩展政治影响力”，大肆渲染和散播“中国威胁论”等等。要想在如此复杂多变、艰险重生的形势下把握形势发展的本质趋势，既要保持战略定力和战略眼光，全心全意走好自己的路，又要树立忧患意识、斗争意识，坚决打赢这场长期、复杂、艰巨的伟大斗争。这就要求新时代大学生爱国主义教育必须看清形势、主动作为，引导大学生保持政治上的清醒和理智，看清世界和中国发展大势，始终站稳国家立场，涵养大国心态。

（三）大学生爱国主义教育要正确把握“00后”大学生的代际特征

今天的大学生，大多都是出生2000年以后的跨世纪的新一代，他们的思维、认知、心理和行为既具有青少年时期的普遍特征，又在新的时代条件下呈现出极具个性化的代际特征。正确把握“00后”大学生爱国情感和思想观念的基本风貌和突出特点，是新时代大学生爱国主义教育遵循规律、深化发展的重要表现和重要前提。

1.“00后”大学生呈现个性鲜明与思想多元并存的样态

大学生正处于人生成长的关键时期，其情感和心理快速发展，价值体系和知识体系也处在一个快速建构的过程之中。尤其是对“00后”大学生而言，中国改革开放40年来所取得的巨大成就和独生子女的家庭环境，为他们的成长进步提供了更好的物质环境和更多元更高水准的教育、发展平台，使他们强调个性发展，体验事物常常以自我为中心，从自身需要和自我感受出发，是注重追求自我体验和自我价值的一代。伴随着国家改革开放进程的深化，多元的社会文化环境和价值取向，也使其形成了多元开放的价值观念和认知模式。此外，网络空间已经成为“00 后”大学生时刻“在场”的精神家园。从我国网络用户群体的主要年龄阶段和职业构成来看，青年大学生是网络用户中最活跃的群体，是网络信息空间积极的参与者、建设者和接受者。根据历年《中国互联网络发展状况统计报告》显示，大学生始终稳定为我国网民群体中占比最大的群体，大学生可以说是时时上网、事事上网，是名副其实的“网络原生代”。尤其是在当下的全媒体时代，“00 后”大学生呈现出精神黏性更高、成瘾风险更大的“媒介依赖”。网络上各种唾手可得和丰富多彩的教育、文化资源和社会资讯等也大大地扩展和塑造了他们的视域和观念，通过一部小小的智能手机就可以做到“秀才不出门，便知天下事”，了解到世界上任何一个地方最新发生的经济、政治、文化等大事。从这个意义上来说，“00 后”的大学生，不仅是一个以十年为时间间隔划分的普通称谓，而是通过与世界联通的互联网“观世界”，从而真正具有“世界观”的一代新人。

2. “00 后”大学生具有开拓创新与勇于担当相统一的价值观念

一方面，以开拓进取、创新创造为主题的时代趋势已成为影响当前青年价值观的重要因素。处于人生拔节孕穗期的大学生不仅头脑灵敏、思维活跃，而且具有极强的主体意识和创新精神。“00 后”大学生的父母一辈几乎和改革开放事业共同成长，其敢为人先、开拓进取的观念也深刻影响了“00 后”的大学生。同时“00 后”大学生受教育的平台和质量整体高于以往任何一辈的同龄人，知识结构和思维眼界也更为丰富和宽泛，促使他们敢于更积极主动地面对成长道路上的各种未知和挑战，敢于根据自身喜好和能力水平寻找更个性化的发展方向和发展道路，驱动他们主动将创新创造作为实现自我价值的重要体现；而且他们能够快速适应技术更迭与社会变化，并在新技术支撑下具有更强的创新底气与信心，使他们对创新不再停留于想象和描述层面，是推动国家科学技术发展进步的重要有生力量。另一方面，“00 后”大学生与新世纪共同成长，见证和受益于国家经济快速发展，亲历了祖国的日渐强大和和平崛起，对中国共产党和社会主义制度有极高的政治认同，有强烈的家国情怀和民族尊严，这些都为开展新时代爱国主义教育奠定了良好基础。尤其是在大学阶段实现个人社会化的过程中，他们对自我认知中认为有意义有价值的事情充满激情，在个体与集体、国家的利益关系中，大多能够做出符合国家主导价值观念的判断和决定，关键时刻体现出奉献精神，体现社会责任担当。比如在这次抗击疫情的斗争中，“00后”的大学生也主动挺身而出，在疫情防控的人民战争中乐为有为，担当奉献，充分展现了新时代中国青年的精神风貌。

3. “00后”大学生行为选择广泛、情况多变、差异明显

如前所述，“00后”大学生已经开始体现出社会担当意识，对其作为未来社会建设生力军也有较高自我意识，具有较高的政治敏锐性和政治参与意识，但是由于知识积累、理论水平、人生阅历的欠缺，其价值观尚未完全定型，对一些社会问题和社会现象还停留在个人体验的感性认识阶段，情感冲动较为明显，对于一些别有用心、精心炮制的社会舆论容易出现偏听轻信，甚至盲目跟风的行为。他们虽然对于新鲜事物具有很强的学习能力和接受能力，但是社会政治经验欠缺，信息辨别能力不足，自控能力较差，易受到各种外界因素，尤其是网络社会中不良信息和消极因素影响，做出非理性、偏激的举动。在全媒体时代，社会存在多样化带来的多元文化观念更容易传播扩散，信息量急剧增多、信息范围扩大，容易造成大学生价值认同的困惑与混乱。特别是社会转型发展过程中理想与现实、公平与正义、社会与个人、规则与自由等多种因素综合作用于价值判断过程，使“00后”大学生行为选择也面临着较大的不确定性和现实逃避性，“在特定思潮和负面舆论的影响下，其国家和民族认同易出现激进化的趋势。”[1] 面对世界范围内日益剧烈的政治、经济、文化竞争，尤其是社会生活空间日益弥漫的“内卷”和“被竞争”，使得“佛系”“躺平”“丧文化”等新时代青年中流传颇广的亚文化现象，也成为新时代大学生一种缓解焦虑、自我调节的方式和手段，甚至导致极少数大学生走向消极避世的极端。

---

[1] 张睿、吴志鹏、黄枫岚：《“00后”大学生的思想观念及行为倾向研究》，《思想理论教育》2021年第1期，第93-99页。

五、立体打造大学生爱国主义教育的“大思政”课堂

中华人民共和国成立以来，大学生爱国主义教育始终通过政府、学校、社会、家庭等多重主体和多重途径来完成，基本构建起了大学生爱国主义教育的立体场域和开放格局，但“学校、家庭、社会协同推动思政课建设的合力没有完全形成”[1]。当前，要充分体现爱国主义本身的开放性和实践性，要充分把握党和国家全面推进“大思政课”建设的契机，通过立体打造大学生爱国主义教育的“大思政”课堂，推动学校、家庭和社会多元主体全面提升合力育人效应。

（一）用足大学生爱国主义教育的课堂主渠道

打造爱国主义教育“大思政”课堂，首先要打造一支拥有深厚爱国主义情怀的教师队伍，改革创新大学生爱国主义教育的课堂主渠道，全面提高思政课程和课程思政同向同行、创新创造的供给能力，坚守学校教育的主阵地。

1. 打造一支拥有深厚爱国情怀的教师队伍

教师是爱国主义教育的第一资源，在加强和改进新时代大学生爱国主义教育的过程中，教师承担着最为基础的作用。爱国主义教育的广泛、深刻和渗透的特征，以及全面推进课程思政建设、“大思政课”建设的实际需要，决定了大学生爱国主义教育的教师队伍不能仅限于思政课教师，而是需要全体专业课教师、从事思想政治教育工作的教师相互配合、有机统一，共同组成大学生爱国主义教育的教师队伍，这同时也对这支教师队伍的能力素质提出了更高的要求。

第一，爱国主义教育是一种认知教育，这就要求教师要有深厚的理论功底。爱国主义作为一种国家认同和政治原则，包含而且侧重对国家各种

[1] 习近平：《用习近平新时代中国特色社会主义思想铸魂育人 贯彻党的教育方针落实立德树人根本任务》，《人民日报》2019年3月19日。

政治要素的理解、接纳与认同。因此思政课教师必须具备深厚的马克思主义理论功底，其他包括专业课教师在内的教师，也要学会运用马克思主义的基本观点来看待问题、分析问题。要以习近平新时代中国特色社会主义思想加强理论武装，要深刻理解和把握当代中国爱国主义“爱国就要爱党、爱社会主义”的本质要求和辩证统一。教师自身理性爱国和厚植学生爱国情怀，都建立在对自己国家科学、理性认知的基础上，如果连对自己的国家都没有一个准确的认识，那么爱国就无从谈起，对学生的教育和引导也更成为一句空谈了。

第二，爱国主义教育也是一种情感教育，涵养个体的爱国主义情怀，首先要求教育者自身“情怀要深”。唯此爱国主义教育才能够以情动人、感化心灵，走进大学生的内心世界。党的十八大以来，习近平总书记在关于爱国主义教育的问题上提出了要“让有信仰的人讲信仰，让有爱国情怀的人讲爱国”的明确要求。教育心理学认为，学生具有向师性的特点，教师的爱国言行是大学生最直接的学习和模仿的榜样，他们会在耳濡目染中受到教师的言论行为、处事态度的长远影响。所以，实施大学生爱国主义教育，建设一支具有高尚的爱国主义品德、理论素养过硬的教师队伍至关重要。有信仰、有情怀的好老师，不仅要怀有对党、最祖国、对社会主义执着深层的爱，更要把这种爱传递给广大的学生。要诚挚地热爱教育事业，关爱学生。在传播知识、传播真理、塑造灵魂、塑造新人的教育实践中履行自己的光荣职责，实现自己的人生价值。

第三，教师要有广深的国际视野和历史视野。爱国主义具有历史性和时代性相统一的鲜明特点，其形成和发展既与国家的历史文化传统有着深厚渊源，也与当时的时代背景和国际形势有十分紧密的联系，同时作为教育对象的“00后”大学生，也是成长于一个多元开放的世界。因此广大教师要具备终身学习的理念和能力，不断拓展自身的国际视野和历史视野，在教育过程中要把当代中国爱国主义的历史根源、现实要求和发展趋向讲清楚，引导大学生客观看待当代中国和外部世界，引导他们树立明辨是非的思维和能力。

第四，教师要有良好的业务能力素养。在新的时代境遇下，教师除了应具备吃透课程标准和教科书的能力、组织教学的能力、教改教研的能力、管理和服务育人的能力等基本能力素养外，还应具备良好的网络工作能力，运用网络手段创新教学内容、创新教学方式、创新学习评价方式，创新工作和交流方式，以学生喜闻乐见的话语表达方式和技术手段传授知识、真诚沟通，全方位发挥对学生的正面引导和情感激励作用。

2. 用好用足大学生爱国主义教育的课堂教育主渠道

要切实推动大学生爱国主义教育目标的实现，必须要根据时代要求推动思政课程和课程思政形成育人合力，用好用足大学生爱国主义教育的课堂主渠道。

一方面，要讲深讲透思想政治理论课相关教材中关于爱国主义教育的素材。党的十九大以来，党和国家对爱国主义教育高度重视，不仅出台了《新时代纲要》等新时代爱国主义教育的纲领性文件，在《新时代学校思想政治理论课改革创新实施方案》和《关于深化新时代学校思想政治理论课改革创新的若干意见》等关于创新和深化新时代学校思想政治理论课的纲领性文件中，也对推进爱国主义教育全面融入思想政治理论课教学做出了明确的要求。根据这一系列文件精神，中宣部、教育部组织专家和学者对马克思主义理论研究和建设工程重点教材高校思想政治理论课的 6 本教材进行了修订。新修订的 6 本教材紧扣时代发展要求，把中国梦教育作为贯穿教材始终的主题，进一步深化了新时代爱国主义精神的阐释，例如在《思想道德与法制（2021 年版）》中重点“反映了习近平关于增强对马克思主义、共产主义的信仰，对中国特色社会主义的信念，对中华民族伟大复兴的信心等方面的重要论述”[1]。因此，在以思政课为主渠道进行大学生爱国主义教育的过程中，要按照修订后的课程标准，以多种表现形式展现教材内容，充分体现以中国梦为鲜明主题的爱国主义教育的具体要求，把有关内容讲深讲透，推动爱国主义思想入情入理、入脑入心。

另一方面，深化课程思政建设，从培养时代新人的战略高度构建“思政课程+课程思政”的课程体系。从课程思政理念提出以来，高校课程思

---

[1] 本教材编写组：《〈思想道德与法治（2021 年版）〉修订说明和教学建议》，《思想理论教育导刊》2021 年第 9 期，第 23-26 页。

政建设在短短几年内取得了显著的效果，拓宽了爱国主义教育的载体和渠道。着眼未来，要全面提升新时代大学生爱国主义教育的覆盖面、影响力和持久性，必须进一步打通思政课程和课程思政的育人空间，要把握高校课程思政建设全面推进的有利契机，严把各门课程的教材关，全程化、无息化地融入贴合教材内容本身的爱国主义教育的理念、元素、技巧，建构思想政治理论课教师与专业课教师之间的互动模式，形成思政课程和课程思政协同育人的长效联动机制，使其成为增强新时代大学生爱国主义教育活力和合力的重要源泉。在这个过程中，要正确理解课程思政的核心要义、本质要求、内在规律，特别是课程思政与思政课程的区别和联系，利用专业课程贯穿大学教育全程，课程内容逐渐递进和深入的优势，使爱国主义教育走向持久、深入、生动，克服单纯说教的弊端，坚持课程本位不改，最大限度地发挥课堂教学的爱国主义教育主渠道作用。

3. 抓好课堂教学方法的守正创新

教学方法是实现课堂教学目标的重要中介，在很大程度上决定着大学生爱国主义教育能否取得理想的效果，所以必须抓好课堂教学方法的守正创新。一方面，理论教育是我们党开展理论教育的根本方式，也是提升大学生爱国认知的必然要求，淡化或者放弃系统的理论教育会模糊甚至动摇新时代大学生爱国主义教育的根本立场。因此在课堂教学的过程中既要充分体现教材内容的逻辑结构、主旨要义、完整内容，又要把准时代脉搏，找准中国与世界、历史与现实、教材内容与社会热点的契合点，既从积极方面教育学生，引导他们看清社会主义建设的伟大成就，坚定社会主义信念；又敢于触及复杂社会现象和社会问题，帮助学生释疑解惑，树立正确的价值观念。另一方面，在坚持和改进理论教育的基本方法的基础上，也要根据新的形势和新的技术条件积极探索新方法，并根据教育目标和学生实际综合性地运用好各种教学方法。例如通过吸纳“互联网+”、人工智能、大数据等强大的技术优势和能力，促进课堂教学具体方法创新，构建交互式、立体、情境化的教学模式，将深刻的爱国主义理论教学内容以更加生动直观的方式呈现出来。同时利用网络信息的时效性和交融性对爱国主义教育的内容进行及时的扩展和延伸，以网络上各种具有代表性的案例促进理论的灌输和吸收，打造精品的爱国主义慕课、微课、网课、短视频，使教育内容由静态文本转化为鲜活的认知元素。

（二）重视大学生爱国主义教育的家庭本位

纵观中华五千年的历史，“家”不仅是中国社会结构的一个基本单位和基础范畴，也是各族人民文化、道德、伦理、品格的本位所在。打造大学生爱国主义教育的“大思政”课堂，必须重视家庭教育的重要作用，将家庭作为传递爱国主义精神的重要本位。

第一，家庭教育是孩子接受教育的起点和基点，对大学生的教育引导，家庭的责任和影响是第一位的。中华民族历来重视家庭，重视以家风传承育人兴家。良好的家教和家风，对大学生的思想道德素质的形成和提高起着根本和长远的作用。大学生正处于成长成才的人生关键时期，家长必须切实履行家庭的教育责任，重视对子女的引导、陪伴和情感输出，推动家庭教育与学校教育、社会教育协同育人。与学校教育的阶段性和系统性相比，家庭教育具有时间上的连续性、内容上的广泛性、教育方式上的潜在性和灵活性等鲜明特点，是在自然的家庭环境中、在父母与子女的日常相处中进行的潜移默化的教育，是一种终身、全方位的教育。许多家长对于孩子关注的焦点就是能否考上理想的大学，对家庭教育的内容和作用认识比较片面，对于大学阶段以后的家庭教育相对忽视。实则在大学阶段的拔节孕穗期，大学生们不仅需要学校教育的培养灌溉，也需要家庭教育的砥砺支撑。良好的家庭教育和来自父母和其他家庭成员的情感激励，有利于促进其健全人格、优良品德和健康精神世界的形成，具有学校教育和社会教育不可替代的作用。

第二，家庭教育不仅要传承优良传统文化，更要适应时代发展潮流和社会发展变迁，切实发挥“第一所学校”的关键作用。一方面，要通过本民族优秀道德文化、礼仪习俗和优良红色家风等潜移默化的影响，使大学生在家庭的日常生活中自然而然地习得、传承、实践中华民族的民族精神和传统美德。另一方面，在社会文化和价值取向日益多元的今天，家长要主动更新教育理念，积极探索现代化的家庭教育思维和方法，充分吸纳新的时代精神和社会主义先进文化，在构建新时代的优良家风的过程中体现和贯穿社会主义核心价值观，把优秀的传统文化和社会主流价值观生活化，引导大学生树立正确的成才观和择业观，激发大学生努力成长成才的主体性和积极性，立志为国家和社会多做贡献。

第三，以家庭为传承爱国情怀的纽带，还要打破单一的正向传承模式和教育传统，由传统的父辈与子女间的正向传承，积极转向为正向传承和“文化反哺”相结合的新型模式。在现代社会中，由于科学技术的快速发展和经济社会的快速变迁，尤其是信息技术和新媒介的发展和普及，年轻一辈通过互联网了解世界、获取知识、进行交往，其知识结构的更新和迭代远超父辈，无论是适应能力还是创新能力都迅速地提高，这就导致了网络时代的新知识、新观念由子女传递给长辈的“文化反哺”现象。基于此种变化趋势，在家庭教育中既要注重长辈与子女之间优良家风的“正向传递”，年轻一辈要虚心汲取长辈的经验和智慧，注重发扬光大中华民族传统家庭美德和家国情怀，也要注重子女的“文化反哺”，实现家庭成员之间的互相感染和促进。

（三）善用大学生爱国主义教育的社会大课堂

大学生爱国主义教育是一个多维、综合、系统、开放的过程，这也就决定了大学生爱国主义教育必须在坚持以学校教育为主阵地的基础上，充分协调运用和整合社会资源及多元主体，构建大学生爱国主义教育的社会大课堂。

1. 美丽中国是激发大学生爱国之情的天然画卷

所谓美丽中国是激发大学生爱国之情的天然画卷，是指要把大学生爱国主义教育寓于对美丽中国的观光游览、宣传展示、体验感受和积极建设之中。

一方面，引导大学生领略壮美山河，激发爱国之情。数千年来，中华民族对其休养生息的这片土地，倾注了满腔的热爱与赤诚，进行了热情的讴歌与礼赞。例如元代画家黄公望在浙江杭州富阳隐居时创作的旷世名作《富春山居图》，描绘了富春江两岸的初秋景色，坡陀起伏，林峦深秀，笔墨纷披，苍茫简远，寄托着中国人对绿水青山、田园诗画生活的向往。可以说，在祖国的一山一石、一草一木之间都蕴藏了无尽的文化遗产和人文意蕴；而党的百年奋斗史，也是一部保卫和建设美丽中国的光辉历史，更是我们无尽的精神宝藏和凝聚海内外中华儿女的情感纽带。党的十八大以来，中国共产党领导全国人民大力推动生态文明发展，美丽中国建设取得突破性成效，创造了让世界瞩目的伟大奇迹。遥遥领先于世界的基础设施建设，"上天入海"的重大工程，风景如画的美丽乡村……集中展示了社会主义现代化建设和全面建成小康社会的辉煌成就，充分显示了中华民族的伟大智慧和创新能力，无一不是开展爱国主义教育的天然画卷、宝贵财富。寓爱国主义教育与观光游览之中，就要创新理念，大力发展生态旅游、红色旅游、研学旅游等各类型旅游资源，坚持开发和保护相结合，平衡经济效益和社会效益，充分运用全媒体环境和资源加大对美丽中国的宣传力量，加强对运用此类资源开展主题实践活动的创新和探索，使大学生不仅能够切身感受到我们国家自然风光的秀丽壮美，同时也能体会到各类风景背后内含的历史文化底蕴，切身感受国家建设的巨大成就，使他们对国家的综合国力、发展前景充满希望和信心。

另一方面，引导大学生落实爱国之行，建设美丽中国。美丽中国建设是全民参与、全民共享的系统性工程，持续推动美丽中国建设，要把大学生看作重要力量，培养他们的环保意识、生态意识和可持续发展的科学观念。不仅要创造更多物质财富，更要"保护好文物古迹、传统村落、民族村寨、传统建筑、农业遗迹、灌溉工程遗产、工业遗迹，推动遗产资源合理利用"[1]。因此，在我国现代化建设过程中，要处理好城市发展与文化保护的关系，注重保护城市历史文化的良性生存环境，处理好现代观感与历史审美的关系，尊重广大民众对生活环境的历史文化认同，建设既有现代气息又有中华民族风格和气质的宜居城市。在实施乡村振兴战略的过程中，要突出地域特色和乡村特点，保留具有本土特色和乡土气息的乡村风貌和优秀乡土文化，防止机械照搬城镇建设模式，以高质量发展为基础，

[1] 本书编写组：《〈新时代爱国主义教育实施纲要〉学习读本》，北京：人民出版社 2020 年版，第 11 页。

以共同富裕的高品质生活为标志，以高水平治理为保障，以多样化为美，打造各具特色的现代版“富春山居图”。在加强保护和建设的同时，要合理利用各种遗产资源，探索具有可操作性和良好效果的教育形式，例如最近天津大学古建学院举办的“中国古建之美现场公开课”，以“实地参观+课程思政”的形式引领大学生领略中国古建之美，呈现了一堂别样而生动的爱国主义课堂。

2. 深化拓展大学生爱国主义教育的主题实践

所谓深化拓展大学生爱国主义教育的主题实践，是指围绕大学生爱国主义教育的目标和要求，建立由学校为主体，社会多元主体广泛支持和参与的主题实践教育联动机制，使学校现有的实践教学机制更加具有系统性、联动性和实效性。

第一，把握时机打造爱国的“仪式感”。爱国仪式礼仪本身就承载了爱国主义的信仰和情感，在仪式礼仪反复重复和强化的过程中，能够使参与者自觉形成集体爱国认知和爱国体验，增强爱国主义教育的感染力和号召力。因此首先要抓好日常的社会礼仪，例如重要场所和重要活动中升国旗、奏国歌，增强对国家尊敬的基本礼仪，以及入党入团入队仪式、开学典礼、毕业典礼，以及重温入党誓词等，在严肃、神圣的气氛下唤起参与者对党和国家的热爱和崇敬。此外，要利用传统节日、重大历史纪念日等有利时机，精心设计、生动表达、充分体现仪式礼仪活动所要传达的价值导向和教育内容，根据不同的活动主题选择恰当的表达方式和活动场景，开展传承性和时代性相结合的仪式礼仪活动，调动参与者的情感共鸣，构建有效的爱国情境认知模式和体验模式。2022 年 4 月召开的北京冬奥会、冬残奥会不仅是一场体育盛会，也是一次向全世界全景展现中国文化、中国精神、中国智慧的历史契机和璀璨舞台，开幕式上令人难忘的中国二十四节气倒数仪式，56 个民族一起传递国旗，非物质文化遗产的颁奖花束等等充满中国元素和中国浪漫的仪式礼仪，不仅向各国运动员和全球观众展现了中国传统文化之美和崭新的北京冬奥精神，也极大地激发了中国人的文化自信和爱国情怀，在人们心中留下了难以忘怀的中华文化之美。

第二，广泛开展以爱国主义教育为主题的校园文化活动。根据时代发展趋势和大学生兴趣爱好，要注重以信息化、时代化手段提升校园文化活动的丰富多样性和生动活泼性，着力提高大学生爱国主义教育活动的参与度和覆盖面。相对于其他载体而言，通过校园文化强有力而隐性的熏陶，受到校园文化感染的大学生群体也很容易产生一种社会主导价值观念相一致的价值观。通过紧跟社会发展趋向，紧密贴合大学生关心、社会关注的内容，运用重要时间节点，以大学生们喜闻乐见的方式，将爱国主义内容融入具有鲜明时代感、生动表现力和强大感染力的校园文化活动，使爱国主义的弘扬和践行贴近和融入大学生的日常生活，发挥春风化雨、直抵人心的精神力量。当下，要围绕党史学习教育、全面建成小康社会、建设美丽中国、全民同心抗疫、迎接党的二十大等重大宣传主题积极策划，立足高校特点，全面整合优势资源，坚持融合创新，打造质量高、思想正、形式活的校园文化活动精品，把体现爱国主义精神的元素和内容全面融入课堂阵地、活动阵地、社会实践阵地等，形成独具高校特色和风格的爱国主义文化氛围。

第三，充分利用国家公布的“大思政课”实践教学基地，制订切实可行的实践教学和实践活动方案，以丰富的实践教育资源开拓大学生爱国主义教育的载体和视野。一是开展以理想信念教育、中国共产党精神谱系教育、改革开放教育、国情社情教育，新农村教育等集中体现党和国家发展历程、中国特色社会主义建设巨大成就，贴近基层群众生活的研学式、沉浸式社会实践。例如前段时间上海理工大学策划的“搭乘红色时光机 描写中华新盛景”新生红色行活动，同学们通过选择寻访红色人物、体验传统文化、记录家乡变迁、宣讲时代精神等不同任务，在真实的场景中深入学习“四史”，取得了十分显著的效果。二是“创新中国梦”主题实践活动。通过参观访问、田野调查、社会调查研究等方式，组织学生积极参与“三下乡”等活动，组织大学生深入基层、西部和农村，密切联系群众，感受时代进步，更加深刻领会中国梦的时代特征和发展趋势，在真实的社会情境中强化大学生的理论认知和价值认同，增强对中华民族伟大复兴的信念信心，深化大学生的自我教育。三是结合当前巩固拓展脱贫攻坚成果、助力乡村振兴等工作的实际需要开展大学生志愿服务活动和公益活动。运用大学生的专业技能和创新创造能力服务于经济社会发展，同时在实践中引领大学生牢固掌握时代发展所需的过硬本领。例如，近段时间中南民族大学举办的《艺术设计助力民族地区乡村振兴主题展》，展览分为“特色民族村寨建设”“非遗再造活化设计”“数字化传承与传播”“乡村品牌设计开发”“艺术公益乡村实践”五大版块，全面展示了艺术添彩乡村建设的各种可能，不仅让艺术活化乡村、浸润田园的力量被更多人看见，也发挥了师生以专业知识助力乡村振兴的重要作用。

3. 充分发挥先进典型示范引领作用

在中华民族的发展历史中，涌现出了许许多多为中华民族和中国人民作出巨大贡献的民族英雄和先进典型，这些民族英雄和先进典型，是爱国主义教育的宝贵财富和鲜活教材。当前，在大学生爱国主义教育的过程中充分发挥先进典型的示范引领作用，关键在于以下两个方面：一方面，要把握庆祝建党一百周年和党的二十大召开的契机，引导大学生学习中国共产党人革命精神的时代呈现和爱国主义的最高风范。这要求大学生以中国共产党人，尤其是革命先烈为弘扬和践行爱国主义精神的崇高榜样，学习他们为民族谋独立而牺牲奉献的崇高精神，学习他们为人民谋幸福而躬身践行的实践品质，引导大学生树立起强烈的社会责任感和民族使命感。这同时也要求新时代的每一名党员坚定理想信念，保持政治本色，保持和人民群众的血肉联系，始终挺起爱国担当的精神脊梁，为培育大学生爱国奉献精神树立行动标杆。另一方面，要充分发挥青年榜样的引领作用。在中华人民共和国的历史上，一代又一代中国青年心系民族命运和国家发展，用青春和热血书写了奉献祖国、振兴中华的壮丽诗篇。在新时代的舞台上，北斗卫星团队、中国天眼 FAST 研发团队等中国青年科技创新团队，在国家重大科技攻关任务中勇挑重担，推动国家科技实力和国际竞争力持续提升，彰显了中国青年在国家创新驱动发展战略中的勇于担当精神和过硬专业实力，是引领新时代大学生砥砺爱国意志的最佳榜样。而历年来获得国家五四奖章、年度最美大学生、年度杰出青年等等表彰的青年和集体，也是中国青年的杰出代表。广泛宣传学习他们的光荣事迹，以青年人引领青年人，让身边人感染身边人，激励大学生“拒绝躺平”、踔厉奋发、勇毅前行，使“为国奉献、为国尽责”成为大学生的永恒价值追求。

4. 充分发挥精品文艺作品的浸润感染作用

一方面，以精品文艺作品弘扬和培育爱国主义精神，最根本的就是要坚持“为人民服务、为社会主义服务”的二为方针，把蕴含着爱国主义元素的精品文艺作品作为承载和表达爱国主义精神的重要介体。在开启第二个百年奋斗征程的紧要关头，在实现民族复兴新征程中，创作和传播彰显中国道路、弘扬中国精神、凝聚中国力量的文艺作品，是时代赋予文艺和文艺工作者的责任。新时代国家发展取得的飞跃性成就不仅深刻地改变着我们每个人的生活，彰显了国家的发展进步，也为文艺创作提供了肥沃的土壤。广大文艺工作者只有牢牢把握时代脉搏，把国家和民族牢记心间，才能唱响时代之音，发挥文艺作品浸润人心、振奋精神的重要作用。例如面对乡村振兴的时代课题，如何传承保护好优秀乡土文化，推进乡风文明建设，发挥文艺力量宣传美丽乡村？广大文艺工作者同样用实际行动给出了答案。文艺可以赋能乡村文化振兴，也可以记录和呈现乡村振兴的动人故事和美丽画卷。广大文艺工作者通过扎根乡村，深入采风，积极开展乡村题材文艺创作，推出了一系列乡村题材文艺精品。如电视剧《山海情》《春风又绿江南岸》，电影《我和我的家乡》，长篇报告文学《乡村国是》，新版吕剧《一号村台》，综艺《向往的生活》等。这些文艺作品或呈现伟大的脱贫攻坚战，或聚焦乡村绿色发展，或塑造新时代典型形象，或展现乡村唯美画面，成为大学生聆听乡村振兴故事的活课本、看见美丽乡村的新窗口。

另一方面，弘扬和培育爱国主义精神，要创造有厚度也有温度的精品文艺作品，为大学生提供具有感召力的精神食粮。站在庆祝党百年华诞和喜迎党的二十大召开的历史交汇处，应以讴歌党的百年光辉历程和牺牲贡献，讴歌新时代新作为新成就，讴歌为党和人民事业奉献的英雄楷模为创作灵感进行艺术创造，打造具有丰富时代内涵和正能量的文艺作品。2021年年初热播的电视剧《觉醒年代》，从历史纵深处回望马克思主义在中国的传播过程，陈独秀、李大钊、毛泽东、周恩来、陈乔年、陈延年等闪耀着思想光辉的革命先驱，他们那为生民立命，为万世开太平的赤子心，也点燃了今天青少年的爱国心，他们的觉醒也感召着当代青年，剧中他们理应成为今天大学生的偶像，理应成为永远闪耀的那颗“星”。在观剧过程中，年轻观众将自己的发现和感悟分享在社交平台上，“强推”“精神享受”“做有为青年”“吾辈自强”等关键词，体现出这部剧在年轻人中间产生的思想共鸣和精神激励，年轻观众从这些人物身上看到的不仅是过去的历史，更是为国家和民族矢志战斗、不怕牺牲的价值向导和指引，成为新时代讲好党的故事，讲好中国故事的文艺精品力作。

六、探索和创新大学生爱国主义教育的全媒体方法

全媒体时代，以5G、人工智能、物联网等为代表的全球信息技术创新高度活跃，人类社会空间和生产、生活、交往方式都发生了革命性的变革，社会发展对人才需求发生了变化，也为教育发展变革提出了新的要求。网络空间作为“00后”大学生的精神家园，其作为意识形态前沿阵地的重要地位在全媒体时代更加凸显。要使互联网这个最大变量成为促进新时代大学生爱国主义教育取得实效的最大增量，必须抓住技术赋能的发展机遇，要深入大学生的内心世界，关注他们在新技术平台上的生活及心理状态，借助新技术平台挖掘青年热爱的爱国主义教育元素，探索和创新大学生爱国主义教育的全媒体方法。

（一）线上线下混合式爱国认知教育法

所谓线上线下混合式爱国认知教育法，是指在爱国主义教育的过程中，通过线上线下相结合的教育方法和手段，促进课上课下的联结、思政小课堂与社会大课堂的结合，现实与虚拟的碰撞，以更加生动丰富的网络素材和更具体验性的教学方式提高学生的爱国认知。开展线上线下混合式认知教育时，要根据教学目标和学生的实际情况选择合适的学习素材，选择最优化的教学模式，形成多样化和个性化的学习策略和实施程序，在教学过程中根据阶段任务给出适当的反馈，把握适合学生的学习节奏，从而

增强师生的互动，提高学生对知识的理解消化能力，并进而支持学生循环自主学习。具体来说，要注意以下几个方面的问题：

第一，混合教学新形态要注重新兴网络教育形态、认知工具等与传统教学相互融合。全媒体环境衍生出了新型的在线教学形态，如慕课（MOOC）、微课、在线直播教学等，各种信息通信技术、云计算技术、大数据技术等都可以作为提高教学效果和学习能力的认知工具，这些新的在线教学形态和认知工具在教学实施过程中有利于教师的智能化、精准化决策、施教以及动态反馈，有利于学生的自我参与和沉浸体验，进而达到知识的主动建构和快速更新。但传统课堂教育也有其独特的优势，例如有利于师生面对面地沟通协商，通过直接的情感交流促进学习者价值观念、道德品质和情感态度的培养等。所以在大学生爱国主义教育长期实践中被证明是行之有效的传统教育方法，在全媒体时代非但不能放弃和弱化，更要理直气壮地坚持。具体来说，针对爱国主义的认知教育，其目的不仅是要帮助学生获得关于爱国主义的一般性认识，更要帮助引导其最大程度地认知事物的本质，获得关于爱国主义的规律性认识，从而培育稳定的、持久的、内化的爱国价值观念和情怀。朴素的爱国情感也许能够自然生发，理性透彻的爱国思想和立场坚定的爱国价值观念却不会自己跑到人们的头脑里去。所以线上线下混合式教学是融合传统与现代、内容与形式、虚拟与现实最好的模式。通过混合式教育教学，可以极大地丰富开展大学生爱国认知教育的教学资源，既能充分发挥教师的能动作用，“让思想政治教育的主力军进入主战场”，直面网络上各种良莠不齐、消解大学生国家认同和民族认同的错误思潮和负面舆论，又能充分发挥学生的主体性和创造性，利用“00后”学生更喜闻乐见、更具时代性和吸引力的教学形式破解大学生深层次的价值困惑和思想问题。

第二，打造好、运用好新兴网络授课方式和网络课程。当前，慕课、微课、云课堂等已经成为全媒体环境下使用率、普及率最高的新型网络授课方式。但是，要让这些资源和形式充分服务于新时代大学生爱国主义教育深化发展的实际需要，增强新时代大学生爱国主义教育的生动性和实效性，还应该从以下几个方面加强建设：一是严守安全底线，提供更加优质的网络慕课资源。慕课平台和慕课课程建设，是一个系统性工程，要由教育主管部门整合不同学校的建设资源，积极投入资金、技术、人才等多方面的支持，遵循由重点建设到普遍建设的实践进路，组织具有深厚理论水平和丰富教学经验的专家积极参与开发和建设，在课程质量和课程内容上严格把关，打造体现中国特色、中国气派、中国风格的优质课、精品课，推动慕课平台和慕课课程的普及、提质和实际运用。二是积极推广运用情境微课教学。微课以短小精悍的“微视频”“短视频”为主要载体，相比大型慕课具有主题性、灵活性、情境性更强的特点，能够将教学中的知识重难点镶嵌于特定的任务或场景中，将艰深的理论知识以更易学易懂、直观生动的方式传递给学生，更加契合大学生的学习心理和接受习惯。同时，微课的制作时间更短、成本投入更低，技术的可操作性上也更强。所以，要积极鼓励思政课教师和广大思想政治教育工作者积极地将微课运用于教育教学实践中。三是大力打造爱国主义教育“云课堂”，推动构建“云上思政”大格局。2020 年全国人民居家抗疫期间催生的各种抗疫“云课堂”、爱国主义教育“云课堂”，全国数万师生“同上一堂课”，充分体现了云课堂应用更广泛更便捷、操作更灵活更智能，资源利用更充分等特点，拓宽了大学生爱国主义教育的时空场域。面向未来，要有效拓展和建设大学生爱国主义教育的“云阵地”，关键在于系统整合教育资源，搭建覆盖面和影响力更深远的云端教育平台和品牌，通过思政大课、主题班会、空中课堂等系列生动鲜活的“云端”教育，增强教育的有效交互，拧紧学生思想引领的总开关。

第三，在线上线下混合式教育模式中，要始终注重尊重大学生的主体地位。一方面，线上线下的混合式认知教育要注重深度学习。全媒体环境使大学生碎片化学习、功利性学习、缺乏深度思考的倾向日益突出，而大学生爱国主义教育的现实适应性不仅要求学生能够深入理解知识信息，更要充分构建个人化、内在化的知识体系，以帮助大学生塑造正确的爱国思想，引领实际的爱国行动。因此在混合式教育的开展过程中，要引导大学生逐渐养成深度学习和深度思考的良好习惯，养成由知到行的行为模式。另一方面，线上线下的混合式认知教育要注重大学生的自我教育。相比传统教育课堂，线上教育过程中教育者的权威性和主导性更加削弱，因此必须要充分发挥大学生的自觉性和主动性，充分体现作为受教育者的大学生的主体地位，引导他们在智能化学习的过程中保持其自主自觉意识和批判性、创造性思维，避免全媒体环境中各种技术手段对自我学习意识和能力的消解。

（二）向上向善的爱国思想网络传播法

所谓向上向善的爱国思想网络传播法，是指在全媒体环境下要充分利用网络的特性和优势来加强大学生爱国主义教育，大力创作和传播爱国爱党、积极健康、向上向善的网络爱国主义文化，构建网上网下同心圆。

第一，要大力加强爱国主义网络内容建设，夯实爱国主义教育的表达基础。主要包括：一是始终坚持党管媒体，大力扶持中央主要媒体的建设，守好弘扬爱国主义精神的网络舆论阵地。无论在全媒体时代条件下媒体格局产生何等变化，作为党的喉舌，中央主流媒体一方面要充分发挥弘扬和传播爱国主义的主力军作用，及时开展反映国家建设和社会发展新进步、新风尚的有助于培育爱国情感的正能量宣传。另一方面要突破思维局限，结合网络新媒体发展规律，关注新时代网络传播方式的转变，体现“以人民为中心”的发展理念，用更具吸引力和感染力的方式传播社会主义先进文化，传播社会主义核心价值观，用向上向善的网络舆论引导思潮、凝聚共识。二是要加强对各种网络新媒体和自媒体的引导和监管，要大力鼓励、扶持、培育展示昂扬向上的社会主流文化的新媒体代表人士，“让他们在净化网络空间、弘扬主旋律等方面展现正能量。”[1] 新媒体中的代表人士，他们已经走在了全媒体时代网络内容创作和传播的时代潮头，拥有大批的粉丝和关注者，对网络舆论走向起着至关重要的作用，因此必须要引领和团结他们不断厚植爱国情怀、提高理论素养、弘扬传播正气，以此促进形成健康的舆论生态，净化网络空间。近几年来，像微信公众号“酷玩实验室”“猫哥的视界”“乌鸦校尉”等将融合爱国主义元素

[1] 习近平：《巩固发展最广泛的爱国统一战线 为实现中国梦提供广泛力量支持》，《人民日报》2015年5月21日。

的创作内容与关注者实现兴趣、爱好、追求方面的对接，其原创性内容以话语亲切、可读性强、吸引力强等特点，许多文章一经推送便在短时间内达到“10 万+”阅读量，形成了较为广泛的影响力。三是充分发挥高校教师、学者理论素养高、对学生影响直接而广泛的优势，打造高校自己的“互联网+专家”，通过专家视角解读国家政策，分析国际国内形势，鼓励学生积极关注现实国情，积极践行和弘扬爱国主义，推动大学生爱国主义教育的高效开展。同时引导包括学生在内的广大网民正确看待社会上的各种热点、难点、疑点问题，坚持“立破并举”，廓清爱国认知，带动社会形成以热爱祖国为荣、危害祖国为耻的强大正能量。如复旦大学国际政治系教授、网络问题及美国问题专家沈逸，以为国发声为己任，不仅是首批用英文在国外刊文进行国家对外宣传的专家之一，还活跃在 Bilibili、微博、知乎等各个大学生喜爱的网络平台，其国际历史政治时事评论节目《逸语道破》通过真实生动的案例和严密的逻辑论证，在国际安全、网络安全、中美关系等问题上“疯狂输出”“全程干货”“既有历史的深度，又有学理的精度”，在全网播放量超过 1000 万次，成为高校的爆款“互联网+专家”。

第二，要不断创新和灵活运用爱国主义网络传播载体手段。一是对各种网络载体有效运用直接影响着网络爱国主义教育的成效。从学校层面来说，应由学校团委和宣传部门进行统筹，有效联动思政课教师、团干部、辅导员、学生骨干、网络文明志愿者等，以举旗帜、聚民心、育新人、兴文化、展形象为使命任务，搭建集微信公众号、校园网站、抖音号、B 站、微博等为一体的新媒体宣传矩阵，根据不同平台的特点，对具体呈现形式和内容进行有针对性的调整，搭建学校网络爱国主义教育的核心舞台。二是话语即网络爱国主义教育的最为重要的载体。离开话语创新，就谈不上网络爱国主义教育意义系统的构建和创新。要使网络爱国主义教育的内容走进受教育者的内心，就要提高网络爱国话语的表达力、转译力和传播力。创作者与接收者之间，教育者与教育对象之间，要构建和谐平等的话语权力关系，才能传递共同价值、引起情感共鸣、培育高尚道德。当然，创新网络爱国主义话语表达也要避免“泛娱乐化”“庸俗化”倾向，要把握好严肃与活泼、正统与风格之间的平衡。三是随着全媒体环境中传播方式不断迭代升级，要求爱国主义的传播方式也要与时俱进。随着人工智能技术、大数据、虚拟现实（VR）、增强现实（AR）等新传播技术的出现并被广泛运用于信息制作、存储、传播、呈现的过程中，信息形式、信息结构和信息传播都发生了本质变化，爱国主义的宣传也需要借助这些新技术提升事实呈现、增强内容供给，全面提升爱国主义文化的广泛覆盖力和传播影响力。

第三，广泛制作推介体现爱国主义内容的网络作品，让爱国主义充盈网络空间。主要包括：一是把爱国主义主题贯穿全媒体环境。不仅要充分利用官方媒体、官方宣传教育平台在凝聚民众共识等方面的重要作用，推出系列专题专栏、新闻报道、融媒体产品、专题性的爱国主义教育资源等，也要引导微信、微博、抖音等普及程度最广的社交媒体履行社会责任，引领其创作者积极创作适合网络传播的生动讲好爱党爱国故事、大力传播社会主义核心价值观的网络文化作品，共同营造风清气正的网络空间。二是广泛开拓爱国主义教育资源和隐性传播方式，形成潜移默化的全时域的浸润和感染。网络爱国主义内容不同于网络上其他娱乐性内容，不能用"受众主导"的大数据精准推送方式来进行受众的选择。从本质上看，智能技术所构建和遵循的个性化信息推送，其基本逻辑是最大限度地搜集和分析，迎合和满足青年的网络行为偏好。长此以往不仅大学生的理性反思与批判能力会在这种个性化迎合和信息茧房中消磨殆尽，而且越是不关注国情和时事的人，越会在这种信息过滤里闭目塞聪，更加脱离社会现实。因此要把握关键契机，用好抗疫精神、建党精神、北京冬奥精神等重大题材，在庆祝中国共产党成立100周年、迎接党的二十大召开等时间节点，因势利导开展爱国主义教育，通过推出系列主题视频、表情包、漫画、文章、微电影、摄影作品、文创产品、虚拟代言人等多重形式，将爱国思想浸润到每一名大学生的日常生活。

（三）虚拟和现实相结合的实践体验法

所谓虚拟和现实相结合的实践养成法，是指运用网络信息技术的支撑和网络信息平台的搭建，引导大学生突破传统社会实践教育的局限，运用数字化手段进行实践活动。

第一，利用虚拟现实技术实现虚拟世界与现实世界的跨时空交互，产生实时“在场”的沉浸感。虚拟现实是利用计算机大数据为体验者提供关于视觉、听觉、触觉等感官的模拟，让体验者如同身临其境一般观察和体验三维空间内的事物。目前，国内很多高校都根据自身科研和教学的需求建立了虚拟现实实验室或虚拟仿真实验室，同时也在大力推进智慧校园、智慧教室、智慧课堂的建设，为爱国主义教育的虚拟沉浸和虚拟体验提供了客观条件。具体来说，虚拟沉浸可以对学生们所提出的各种假设进行模拟，将教材中描绘的历史场景通过技术手段进行情景再现，甚至通过在虚拟的学习环境中扮演一个角色，通过沉浸在角色中的实践学习，从而为学习者提供形象生动的情感体验。例如，利用虚拟现实回顾和体验党的历史，学生可以随时光隧道进入雪山和草地，也可以回到“飞夺泸定桥”“四渡赤水河”的历史场景中，通过在“真实场景”中重温艰辛的革命岁月，提升和拓展党史学习的情感传递和有效途径。

第二，实施爱国主义数字建设工程，搭建基于全媒体资源的爱国主义教育基地和国防基地，一方面，爱国主义教育基地和国防教育基地的教育方式要应用新技术增强时代性，通过虚拟现实技术、增强现实技术、人工智能技术等技术手段的运用，给大学生身临其境的感觉，通过真实立体、实时互动的方式，达到全身心的投入、沉浸和情感体验，提升爱国主义教育的感染力。另一方面，要创办微博、微信公众号、官方网页、官方APP、微信小程序等网络平台，通过向大学生推送相关知识，打破爱国主义教育的时空限制，开展线上爱国主义教育；也可以通过与大学生进行及时的沟通与交流，及时发布和推送活动内容、主题展览信息，增强爱国主义教育基地和国防教育基地的吸引力和影响力。此外，通过与学校教育紧密结合，为学校爱国主义主题教育活动提供平台和条件，为大学生爱国主义教育实践提供支持和资源。例如最近温州医科大学的大学生们通过线上线下调研相结合的方式，辅以文献收集、问卷调查、电话访谈等方法，对当地的党史学习教育基地展开调研，并根据每个场馆情况制作 VR 和文创产品，为日后的虚拟线上参观打下基础，既增强了自身对党史的学习和感悟，又帮助宣传了当地的党史学习教育基地。

第三，广泛开展网络爱国主义主题实践活动，提升大学生的爱国思想和媒介素养，推动形成崇德向善的网络文明环境。一是引导广大青年学生积极参与网络爱国主义主题实践活动，通过征集微视频、摄影、动漫、网文等网络作品，采用线上线下有机融合的途径和方式，引导大学生全面提升网络文明素质和网络媒介素养，增强网络爱国主义在大学生群体中的传播深度和广度，营造充满爱国情和正能量的网络环境。二是充分把握网络的交互性、开放性特征，把握国家发展重要节点、重大事件发生的关键契机，加强选题策划和议题设置，坚持党的领导、依法治国和人民当家作主有机统一，坚持问计于民、问政于民、问需于民，关心大学生所盼所愿，调动大学生关心国家大事、积极参政议政、了解党的方针政策的愿望和热情。如人民网、新华网等官方媒体在每年全国两会时推出征集社情民意的互动栏目，运用互联网打通了包括大学生在内的全体人民和政府沟通的渠道，提升了人们对国家的认同感、亲切感，提高了自身的主人翁意识。三是通过引导大学生参加学校新媒体建设实践，壮大网络爱国主义创作和传播的舆论队伍。当下各个高校也开发了许多网络教育、服务平台，如学校官网、官微、官博、易班等，这些平台构建了学校、师生、生生、社会之间交流沟通和相互链接的虚拟化网格，也是全媒体环境下增强大学生虚拟与实践相结合的爱国主义教育和实践体验的重要平台。要坚持管理育人和实践育人，动员、引导大学生参与维护、建设这些网络平台，遴选一批政治立场坚定、有较强文字功底，熟悉网络宣传的学生组建学生宣发团队，提升他们的政策理解能力和网络工作能力，对全媒体技术发展的新成果、新要求和新方向的把握和运用能力，指导其创作一批贴近时代主流、贴近社会热点，贴近大学生生活的网络爱国主义作品，积极参与网络平台中爱国主义精神的弘扬和践行。

主要参考文献

一、经典著作类

[1] 马克思恩格斯选集（第1、3、4卷）[M]. 北京：人民出版社，2012.

[2] 列宁选集（第3卷）[M]. 北京：人民出版社，2012.

[3] 斯大林全集（第13卷）[M]. 北京：人民出版社，1956.

[4] 毛泽东选集（1—4卷）[M]. 北京：人民出版社，1991.

[5] 邓小平文选（第1、2卷）[M]. 北京：人民出版社，1994.

[6] 江泽民文选（第1、2、3卷）[M]. 北京：人民出版社，2006.

[7] 胡锦涛文选（第1卷）[M]. 北京：人民出版社，2016.

[8] 习近平谈治国理政 [M]. 北京：外文出版社，2014.

[9] 习近平谈治国理政（第2卷）[M]. 北京：外文出版社，2017.

[10] 习近平谈治国理政（第3卷）[M]. 北京：外文出版社，2020.

二、重要文献类

[1] 习近平. 坚持中国特色社会主义教育发展道路 培养德智体美劳全面发展的社会主义建设者和接班人 [N]. 人民日报. 2018-09-11.

[2] 习近平. 用习近平新时代中国特色社会主义思想铸魂育人 贯彻党的教育方针落实立德树人根本任务 [N]. 人民日报. 2019-03-19.

[3] 习近平在庆祝中国共产党成立100周年大会上的讲话 [N]. 人民日报. 2021-07-02.

[4] 习近平在中央人才工作会议上强调 深入实施新时代人才强国战略 加快建设世界重要人才中心和创新高地 [N]. 人民日报. 2021-09-29.

[5] 习近平. 高举中国特色社会主义伟大旗帜 为全面建设社会主义现代化国家而团结奋斗——在中国共产党第二十次全国代表大会上的报告 [M]. 北京: 人民出版社, 2022.

[6] 钱俊瑞. 培养国家高级建设人才而奋斗 (团结一致, 为贯彻新高等教育的方针) ——一九五〇年六月九日在全国高等教育会议上的结论 [J]. 人民教育, 1950 (3).

[7] 马叙伦. 第一次全国高等教育会议开幕词 [J]. 人民教育. 1950 (3).

[8] 浙江省军区第七兵团政治部编. 论爱国主义与爱国主义教育 (宣教工作文件第一辑) [M]. 杭州: 浙江省军区第七兵团政治部印, 1951.

[9] 邓小平. 在全国教育工作会议上的讲话 [J]. 人民教育, 1978 (Z1).

[10] 中共中央政策研究室. 在新的历史条件下继承和发扬爱国主义传统——十一届三中全会以来有关重要文献摘编 [M]. 北京: 红旗出版社, 1990.

[11] 江泽民. 在全国教育工作会议上的讲话 [J]. 人民教育, 1994 (Z1).

[12] 共青团中央、中共中央文献研究室. 毛泽东邓小平江泽民论青少年和青少年工作 [M]. 北京: 中央文献出版社, 2000.

[13] 中央档案馆, 中共中央文献研究室编. 中共中央文件选集 (1949 年 10 月—1966 年 5 月) (1、4、5、8、9、14、24、29、38 册) [M]. 北京: 人民出版社, 2013.

[14] 教育部思想政治工作司. 加强和改进大学生思想政治教育重要文献选编 (1978—2014) [M]. 北京: 知识产权出版社, 2015.

[15] 中共中央文献研究室编. 习近平关于青少年和共青团工作论述摘编 [M]. 北京: 中央文献出版社, 2017.

[16] 中共中央文献研究室编. 十八大以来重要文献选编 (中) [M].

北京：中央文献出版社，2016.

[17] 中共中央党史和文献研究院编. 十八大以来重要文献选编（下）[M]. 北京：中央文献出版社，2018.

三、理论著作类

[1] 河南文教厅编审科. 爱国主义教育 [M]. 郑州：文教出版社，1951.

[2] 切斯诺科夫著. 马列主义与爱国主义 [M]. 杨逸，译. 北京：中外出版社，1951.

[3] 浙江省军区第七兵团政治部编. 论爱国主义与爱国主义教育（宣教工作文件第一辑）[M]. 杭州：浙江省军区第七兵团政治部印，1951.

[4] 青年团西北工委宣传部. 爱国主义学习资料（修订本）[M]. 西安：西北青年出版社，1952.

[5] 曾令辉，黄芬主编. 现代爱国主义教育理论与实践 [M]. 南宁：广西人民出版社，2006.

[6] 朱桂莲. 爱国主义教育研究 [M]. 北京：中国社会科学出版社，2008.

[7] 赵馥洁，段建海，董小龙. 中华民族爱国主义史论 [M]. 北京：中国社会科学出版社，2008.

[8] 邓艳葵. 民族院校大学生爱国主义教育研究 [M]. 南宁：广西人民出版社，2013.

[9] 卢思锋. 聚焦理性爱国 兼论全球化与和平发展时期的高校爱国主义教育 [M]. 北京：北京交通大学出版社，2014.

[10] 郭广银主编. 社会主义核心价值观研究丛书：爱国篇 [M]. 苏州：江苏人民出版社，2015.

[11] 蔡中华，潘静. 新时期爱国主义教育研究 [M]. 北京：中国社会科学出版社，2016.

[12] 庞士让. 论爱国主义 [M]. 北京：人民出版社，2018.

[13] 温静. 中国共产党爱国主义思想史略 [M]. 北京：人民出版

社，2019.

［14］彭付芝. 中华人民共和国成立70年高校思想政治理论课建设［M］. 北京：知识产权出版社，2019.

［15］孙运德，韩育萍. 做担当民族复兴大任的时代新人［M］. 北京：国家行政学院出版社，2019.

［16］本书编写组.《新时代爱国主义教育实施纲要》学习读本［M］. 北京：人民出版社，2020.

［17］张智. 新时代爱国主义教育十五讲［M］. 北京：人民出版社，2021.

四、学术论文类

［1］张奇峰. 当代中国爱国主义的时代内涵及其论证［J］. 思想教育研究，2017（12）.

［2］任帅军. 爱国主义与社会主义核心价值观的同质性［J］. 红色文化学刊，2018（1）.

［3］王泽应. 习近平新时代爱国主义思想研究［J］. 伦理学研究，2018（2）.

［4］孙银光. 爱国主义教育的逻辑层次性及实践策略［J］. 中国教育学刊，2018（3）.

［5］郭则瑞. 新形势下爱国主义教育价值探析［J］. 南方论刊，2018（3）.

［6］周杨. 网络舆情对青少年爱国主义教育的影响分析［J］. 中国青年研究，2018（4）.

［7］张伟. 新时代青年爱国主义教育：价值、考验与理路［J］. 南昌工程学院学报，2018（5）.

［8］赵燕徐. 如何理性弘扬爱国主义精神［J］. 人民论坛，2018（5）.

［9］蔡中华，潘静. 新时代爱国主义思想的鲜明主题、重要特征和实践向度［J］. 社会主义核心价值观研究，2018（5）.

[10] 栗蕊蕊，闫芳洁. 当代大学生网络爱国主义的话语特征、多维价值及引导路径 [J]. 思想教育研究，2018 (5).

[11] 雷娜，左鹏. 新时代网络爱国主义文化的发展及培育路径 [J]. 理论导刊，2018 (5).

[12] 邢鹏飞，严顺东. 大学生爱国主义教育的发展历程、基本经验与发展趋向——回顾改革开放40周年 [J]. 知与行，2018 (6).

[13] 刘水静. 运用《思想道德修养与法律基础》新教材开展爱国主义教育的几点思考 [J]. 思想教育研究，2018 (8).

[14] 林丹. 爱国主义的精神内涵和发展变迁 [J]. 文化软实力，2019 (1).

[15] 温静、王树荫. 爱国主义教育的方法论思考 [J]. 中国高等教育，2019 (3).

[16] 王泽应. 毛泽东爱国主义思想的精神特质和深远价值 [J]. 湖南社会科学，2019 (3).

[17] 赵丽涛. "后真相"时代青年网络爱国主义教育的挑战与应对 [J]. 中国青年研究，2019 (5).

[18] 黄世虎，张子悦. 新时代爱国主义教育：逻辑、原则、路径 [J]. 中国青年研究，2019 (5).

[19] 刘建军. 厚植爱国主义情怀的理论阐释 [J]. 思想理论教育，2019 (9).

[20] 骆郁廷. 新时代爱国主义教育的"破"与"立" [J]. 思想理论教育导刊，2020 (3).

[21] 王学俭，刘文静. 试论《新时代爱国主义教育实施纲要》的变化与发展——基于1994年《纲要》内容的对比分析 [J]. 学校党建与思想教育，2020 (4).

[22] 白显良. 新时代推进大中小学爱国主义教育一体化建设的几点思考 [J]. 思想理论教育，2020 (4).

[23] 王易. 关于新时代爱国主义教育的认识论思考 [J]. 思想教育研究，2020 (6).